国家林业和草原局普通高等教育"十四五"规划教

税法与纳税申报

三 红 主编

中国林业出版社
China Forestry Publishing House

内 容 简 介

本教材的编写以习近平新时代中国特色社会主义思想为指导，旨在贯彻落实党的二十大报告对构建新发展格局的最新工作要求，顺应"以数治税"背景下财务合规人才的现实需求。教材秉承务实原则，力求解决目前普遍存在的理论教材与实践教材脱节的弊病，将理论与实践紧密融合，在降低教材成本的同时，提出"理实"一体理念。本教材包含了我国现行税制下所有税种的基本规章制度，并与税法改革同步，确保与时俱进，教材中所有政策法规均为截止到2024年7月的最新内容，并确保后期按时更新。教材以一个统一的企业实例，涵盖了设立登记的税务处理，正常营业状态下增值税、消费税、企业所得税等税种的纳税申报处理，使实践教学更具现实情境体验感，教材使用者更能理解业财融合真实内涵。

本教材既适用于开设"税法"课程的应用型院校，也适合财务经理、税务经理等财税专业工作人员以及准备"税务师"考试的学员作为学习的辅助资料。

图书在版编目（CIP）数据

税法与纳税申报／王红主编．—北京：中国林业
出版社，2024.6. —（国家林业和草原局普通高等教育
"十四五"规划教材）．—ISBN 978-7-5219-2774-0

Ⅰ. D922.22；F812.423

中国国家版本馆 CIP 数据核字第 2024TL6544 号

策划编辑：丰　帆
责任编辑：丰　帆
责任校对：苏　梅
封面设计：时代澄宇

出版发行：中国林业出版社
　　　　　（100009，北京市西城区刘海胡同 7 号，电话 83223120）
电子邮箱：cfphzbs@163.com
网　　址：https：//www.cfph.net
印　　刷：北京中科印刷有限公司
版　　次：2024 年 6 月第 1 版
印　　次：2024 年 6 月第 1 次
开　　本：787mm×1092mm　1/16
印　　张：12.5
字　　数：293 千字
定　　价：45.00 元

《税法与纳税申报》编写人员

主　　编：王　红

副 主 编：卿玲丽　谢宜章　刘　伊

编写人员：（按姓氏拼音排序）

刘　伊　长沙师范学院

卿玲丽　广州商学院

盛竑洲　湖南农业大学

王　红　湖南农业大学

谢宜章　湖南农业大学

曾尚梅　湖南农业大学

张　丽　湖南农业大学

张　怡　湖南农业大学

周　萍　湖南农业大学

朱志春　湖南中翰益商税务师事务所

前　言

　　2023 年 8 月 31 日，国家税务总局宣布四川省上线全国统一电子税务局，正式迈开了在全国实现统一新电子税务局的步伐。此后全国的报税都将统一到一个网站上，不再区分地区登录税务局，搭建了人社部门、金融机构、市场监督部门、公安部门、人民法院等参与机构之间信息共享和核查通道，实现企业相关人员手机号码、企业纳税状态、企业登记注册信息核查三大功能，进一步强化了服务效能，提高了办税效率，但同时对企业涉税业务和非涉税业务实现全方位、立体化监控，企业面临的涉税风险明显增加，迫切需要税务专业人才进行涉税业务处理，规避税收风险。

　　为了适应社会需求，培养熟知税收法规制度、动手能力强、能够熟练处理涉税业务、具备税务风险识别和税务风险防控能力的税务专业人才，成为新时代高校财经专业的培养目标之一。但从目前情况来看，能够满足教学的好教材很少，且都将税收法规理论知识与实操分开，不仅加大了成本，而且割裂了理论与实践的联系，因此，迫切需要一本将理论与实践深入融合的教材。为了编制一本符合现实教学需求的教材，本教材编写组成员花费大量时间在调研、比较的基础上，整理出了这本《税法与纳税申报》教材。

　　本教材秉承务实原则，按照最新纳税申报流程将税收法规理论知识与实训紧密结合，提供了大量的实操案例，尤其是第二章，详细讲解了企业的主要涉税业务，使学习者能够通过实际经营场景了解企业，形成真实场景感，便于后面章节知识的学习；此外，第五章提供了一个全真的流转税纳税申报案例，按照最新的纳税申报表，全真模拟增值税、消费税、城市维护建设税及教育费附加的纳税申报过程，能更好地满足理论与实践教学需要。

　　本教材具有以下特点：

　　(1) 内容全新性。近年来，在"坚持以人民为中心"发展思想指引下，税务机关不断提高"三个服务"水平，税收征收管理制度不断完善，使得之前的教材不再适用于现时教学。尤其是目前国际国内环境下，税收政策调整力度非常大，如 2023 年 8 月 31 日《国务院关于提高个人所得税有关专项附加扣除标准的通知》决定，自 2023 年 1 月 1 日起，3 岁以下婴幼儿照护专项附加扣除标准，由每个婴幼儿每月 1000 元提高到 2000 元；子女教育专项附加扣除标准，由每个子女每月 1000 元提高到 2000 元；赡养老人专项附加扣除标准，由每月 2000 元提高到 3000 元；增值税、所得税、资源税等税收政策均有很大程度的调整，这些调整内容都被纳入本教材，保持了教材的全新性。

　　(2) 内容全面、完整、实效性强。本教材改变了以往教学需要理论和实训两本教材，加重学生经济和学习负担的弊病，将两本教材的内容紧凑地集中在一起，既能完成理论教学也能满足实践教学的需要。在实训部分，以同一个纳税人进行各税种的模拟实训，能够很好地培养学生的整体思维能力，使教学效果更显著，同时采用最新的实训模拟资料，如最新的纳税申报表，增强了实训的现实感。

（3）教辅资源丰富。为了更好地辅助任课教师使用本教材，编辑团队准备了教学课件、教学大纲、授课讲义（教案）、参考答案等资料，供任课教师参考，并对资料适时更新，同时通过电子媒介与任课教师保持联系，及时解答老师疑问。

本教材共安排10章，第1章税法基础；第2章企业主要涉税业务；第3章增值税；第4章消费税；第5章城市维护建设税和教育费附加；第6章企业所得税；第7章个人所得税；第8章其他税种(一)关税；第9章其他税种(二)财产和行为税；第10章其他税种(三)特定目的税。每章都通过情景导入的形式引入本章节知识，并通过贯穿整本教材的一个整体的实训案例安排每章节的实训任务，确保业务的完整性，以培养学生的整体业务观，真正理解业财税一体化的内涵。教材由王红主编，具体负责全书的整体架构设计及全书内容的最终审核，并负责第3章和第4章的编写，并参与每一章节编写过程；卿玲丽为副主编，负责第6章的编写；谢宜章为副主编，负责第1章和第5章的编写；刘伊为副主编负责第7章的编写；朱志春负责第2章的编写；张丽、周萍、盛竑洲、曾尚梅、张怡共同负责其他税种内容的编写，包含第8章、第9章和第10章。苏政雄、张瑛、臧聪、李丁林参与教材的素材收集和整理工作。本教材是湖南省一流实践课程"税务会计与纳税筹划"课程组全体教师辛勤付出的结果，课程组多次对教材涉及的内容、实训环节、教材的整体框架等进行深入讨论，最后由王红进行修改和定稿。本教材的编写得到了湖南中翰益商税务师事务所所长朱志春，湖南农业大学商学院院长杨亦民以及全体会计教研室教师的大力支持，在此表示衷心的感谢！本教材既适合开设"税法"课程的高校选作教学，也适合税务工作人员以及准备"税务师"考试的学员选作学习辅助资料。

由于修改、编写时间仓促，难免存在疏漏，恳请读者、专家批评指正。

王 红

2024年2月

目录

第1章 税法基础

学习目标

1. 了解税收和税法的基本知识，熟知税收和税法的含义与特征。
2. 理解税法原则、税法构成要素以及税收的分类和税收法律关系等知识点。

"赋税是政府机器的经济基础，而不是其他任何东西"。——卡尔·马克思《哥达纲领批判》，后收录于《马克思恩格斯全集》第19卷。

1.1 税收基本知识

1.1.1 税收内涵

税收是指政府为了满足社会公共需要，凭借政治权力，按照法律的规定，强制、无偿地取得财政收入的一种形式。

1.1.2 税收特征

税收的内涵决定了税收的3个特征：

（1）强制性

强制性是国家权力在税收上的法律体现，是国家取得税收收入的根本前提。

（2）无偿性

无偿性是税收的关键特征，决定了税收是国家财政收入的主要手段。

（3）固定性

固定性是指国家事先以法律的形式规定了统一的征税标准，包括纳税人、征税对象、税率、纳税期限、纳税地点等。这些征税标准一经确定，在一定时间内是相对（而非绝对）稳定不变的。

1.1.3 税收分类

（1）按征税对象性质分类

我国税收可以分为流转税、所得税、资源税、财产税、行为税、特定目的税等6种。

①流转税。它是以货物、劳务、服务、无形资产或者不动产买卖的流转额为征税对象征收的税，包括增值税、消费税、关税等。流转税是我国的主体税种。

【重点提示】流转税以流转额为计税依据，在流转环节征收，税额不受成本、费用、利

润的直接影响,只与流转额(通常所说的销售额)直接相关。

②所得税。它是以所得额为征税对象征收的税,包括企业所得税、个人所得税。所得额通常等于总收入减去为取得收入耗费的各项成本费用后的余额。

③资源税。它是以各种应税资源如矿产、土地等作为征税对象征收的税,包括资源税、土地增值税和城镇土地使用税等。资源税目的在于促进资源合理开发及公平竞争。

④财产税。它是以纳税人拥有或支配的财产为对象征收的税,包括房产税、车船税等。

⑤行为税。它是以纳税人发生的某种行为为征税对象征收的税,包括印花税、契税、船舶吨税等。

⑥特定目的税。它是为了达到某种特定目的,对特定对象和特定行为征收的税,包括车辆购置税、耕地占用税、城市维护建设税、烟叶税、环境保护税等。

(2)按计税依据分类

我国税收可分为从价税、从量税和复合税3种。

①从价税。以征税对象的价值(销售额或所得额)为标准,按一定比例税率计征的税,如增值税、所得税等。

②从量税。以征税对象的数量(重量、容积、面积等)为标准,采用固定单位税额计征的税,如车船税、城镇土地使用税等。

③复合税。它是从价税和从量税的结合,既按照征税对象的一定价值单位又按照一定数量单位计征的各种税,如卷烟、白酒的消费税采用复合税形式。

(3)按计税价格是否包含税额分类

我国税收可分为价内税和价外税两种。

①价内税。它是指税金包含在商品价格之中,计税价格为包含该税金的价款。

②价外税。它是指税金不包含在商品价格之中,计税价格为不包含该税金的价款。

(4)按归属分类

我国税收可分为中央税、地方税和中央地方共享税3种。

①中央税。它是指收入归中央政府支配使用的税种,如消费税、关税等。

②地方税。它是指收入归地方政府支配使用的税种,如房产税、城镇土地使用税等。

③中央地方共享税。它是指收入由中央政府和地方政府按一定比例分享的税种,如增值税等。

(5)按能否转嫁分类

我国税收可分为直接税和间接税两种。

①直接税。它是指纳税人同时是税收的实际负担人(负税人),纳税人不能或不便于把税收负担转嫁给他人的税种。如企业所得税、个人所得税、车辆购置税及房产税等。

②间接税。它是指纳税人交纳的税金其实是从购买者处收到的,由购买者承担实际税负为负税人,如增值税、消费税等。

1.2　税法基本知识

1.2.1　税法内涵

从广义上讲,税法是各种税收法律规范形式的总和,包括税收法律、税收法规、税务规章及税务规范性文件等。从狭义上讲，税法指的是经过全国人大及其常委会正式立法的税收法律，如《中华人民共和国个人所得税法》等。税法体现为法律这一规范形式，是税收制度的核心内容。

【**重点提示**】税法调整的是税收的权利义务关系，而不是分配关系。

1.2.2　税法特点

税法具有以下 3 个方面的特点。

（1）从立法过程来看，税法属于制定法

现代国家的税法都是经过一定的立法程序制定出来的，即税法是由国家制定而不是认可的，这表明税法属于制定法而不是习惯法。

（2）从法律性质来看，税法属于义务性法规

即直接规定人们某种义务的法规，具有强制性。

（3）从内容来看，税法具有综合性

税法不是单一的法律，而是由实体法、程序法、争讼法等构成的综合法律体系，其内容涉及课税的基本原则、征纳双方的权利义务、税收管理规则、法律责任、解决税务争议的法律规范等。

1.2.3　税法构成要素

构成税法的基本因素一般包括纳税义务人、征税对象、税目、税率、纳税期限、减税免税、纳税环节、纳税地点、罚则、附则等。

1.2.3.1　纳税义务人

纳税义务人简称"纳税人"，是税法中规定的直接负有纳税义务的单位和个人，也称"纳税主体"。每一税种都有对应的纳税义务人，纳税义务人一般分为自然人和法人两种。自然人可划分为居民个人和非居民个人，个体经营者和其他个人等。法人可划分为居民企业和非居民企业。

【**重点提示**】纳税义务人不一定是负税人。此外，还有 3 个与纳税人紧密联系的概念，即代扣代缴义务人、代收代缴义务人和代征代缴义务人。

①代扣代缴义务人。虽不承担纳税义务，但在向纳税人支付款项时有义务代扣代缴其应纳税款的单位和个人。例如，企业支付员工工资时代扣代缴个人所得税。

②代收代缴义务人。虽不承担纳税义务，但在向纳税人收取款项时，有义务代收代缴其应纳税款的单位和个人。例如，委托加工的应税消费品，由受托方在向委托方交货并收取加工费时，代收代缴委托方应该缴纳的消费税。

③代征代缴义务人。因税法规定，受税务机关委托而代征税款的单位和个人。如进口环节增值税、消费税由海关代征。

1.2.3.2　征税对象

征税对象又称课税对象，是税法中规定的征税的目的物，是国家据以征税的依据。例如，我国消费税的课税对象为特定的应税消费品，所得税的课税对象是纳税人的所得等。

与征税对象相关的概念还有计税依据。计税依据又称税基，是据以计算各种应征税款

的依据或标准。例如，我国增值税的计税依据是货物和应税劳务的增值额；所得税的计税依据是所得额。

【**重点提示**】课税对象会随着社会生产力的发展变化而变化。如我国"十四五"规划和2035年远景目标纲要提出："调整优化消费税征收范围和税率"，又将开启新一轮消费税征税对象调整。

1.2.3.3 税 目

税目是课税对象的具体化，反映具体的征税范围，对应具体的征税项目。

【**重点提示**】税目根据需要而设，如企业所得税不需要划分具体税目，而消费税需要划分税目，以区别对待不同的课税对象。

1.2.3.4 税 率

税率是应纳税额与计税依据之间的比例，关系着国家财政收入多少及纳税人负担程度，是税收制度的核心和灵魂。在实际应用中税率可分为两种形式：一种是定额税率，它适用于从量计征的税种，例如黄酒的消费税税率为240元/吨；另一种是比例税率，适用于从价计征的税种，如增值税、所得税等，当对于同一课税对象，随着计税金额的增大，税率也随之升高时，这种税率又称为累进税率，如个人所得税税率。

1.2.3.5 减税、免税

减税、免税是一种税收优惠政策。减税是从应征税款中减征部分税款，免税是免征全部税款。减免税可以分为税基式减免（如起征点和免征额）、税率式减免、税额式减免3种。

【**重点提示**】起征点只能照顾起征点以下的一部分纳税人，而免征额则适用于征税范围内的所有纳税人。如个人所得税免征额从3500元/月提高到5000元/月。

1.2.3.6 纳税环节

纳税环节是指税法规定纳税人应该缴纳税款的环节，一般分为生产环节、流通环节和分配环节。按照纳税环节的多少，可将税收课征制度划分为一次课征制和多次课征制。一次课征制是指同一税种只选择某一流转环节征税，如车辆购置税只在车辆购置环节征税。多次课征制是指同一税种选择多个环节征税，如增值税在商品流通的所有环节都征税。

【**重点提示**】多次课征制的最大弊病是有可能导致重复征税，如果要避免重复征税，必须有特定的处理方法，例如，增值税通过税款抵扣法的方式，科学合理地避免了重复征税。

1.2.3.7 纳税期限

纳税期限是指纳税人向国家缴纳税款的法定期限。不同性质的税种以及不同情况的纳税人，其纳税期限也不相同。我国现行税制的纳税期限有3种形式。

①按期纳税，即根据纳税义务的发生时间，通过确定纳税间隔期，实行按日纳税。如《增值税暂行条例》规定，增值税的纳税期限分别为1日、3日、5日、10日、15日、1个月或者1个季度。

②按次纳税，即根据纳税行为的发生次数确定纳税期限。如车辆购置税、耕地占用税以及临时经营者发生应税行为，个人所得税中的劳务报酬所得等均采取按次纳税的办法。

③按年计征，分期预缴或缴纳。例如，企业所得税按规定的期限预缴税款，年度结束后汇算清缴，多退少补。

1.2.3.8 纳税地点

纳税地点是指税法规定的纳税人(包括代征代缴、代扣代缴、代收代缴义务人)申报纳税的具体地点。

【重点提示】税法规定的纳税地点主要有机构所在地、销售地、服务发生地、劳务发生地、财产所在地及报关地等。

1.3 税收法律关系

1.3.1 概 念

税收法律关系是税法所确认和调整的，国家与纳税人之间在税收分配过程中形成的权利义务关系。税收法律关系包括：国家与纳税人之间的税收宪法性法律关系，征税机关与纳税主体之间的税收征纳关系，相关国家机关之间的税收权限划分法律关系，国际税收权益分配法律关系，税收救济法律关系等。

1.3.2 主要特点

(1)国家是固定的一方主体

在税收法律关系中主体的一方只能是国家，而另一方主体可以是任何负有纳税义务的法人和自然人。

(2)体现国家单方面的意志

税收法律关系只体现国家单方面的意志，不体现纳税人一方主体的意志。

(3)权利义务关系具有不对等性

国家享有较多的权利，承担较少的义务；纳税人则相反，承担较多的义务，享受较少的权利。这种权利义务关系的不对等性，根源在于税收具有强制性和无偿性。

(4)具有财产所有权或支配权单向转移的性质

纳税人履行纳税义务，缴纳税款，就意味着将自己拥有或支配的一部分财物，无偿地交给国家，成为政府的财政收入，国家不再直接返还给纳税人。

1.3.3 基本构成

(1)税收法律关系的主体

它是"税法主体"，是指在税收法律关系中享有权利和承担义务的当事人，分为征税主体和纳税主体。

①征税主体。严格意义上讲，国家是真正的征税主体，国家通过法律授权的方式使税务机关来代其行使征税权力，税务机关成为法律意义上的征税主体。

②纳税主体。通常称为纳税人，即法律、行政法规规定负有纳税义务的单位和个人。根据纳税主体在民法中身份的不同，可以分为自然人、法人、非法人单位；根据征税权行

使范围的不同，可以分为居民纳税人和非居民纳税人等。

（2）税收法律关系的内容

它是指税收法律关系主体所享有的权利和所承担的义务，主要包括纳税人的权利义务和征税机关的权利义务。

（3）税收法律关系的客体

它是指税收法律关系主体的权利义务所指向的对象，一般认为，税收法律关系的客体就是税收利益，包括物和行为两大类。

1.3.4　税收法律关系的产生、变更、消灭

（1）产生

税收法律关系的产生应以引起纳税义务成立的法律事实为基础和标志，如纳税人发生了销售货物、取得应税收入等应税行为。

（2）变更

税收法律关系的变更是指由于某一法律事实的发生，税收法律关系的主体、内容和客体发生变化。

（3）消灭

税收法律关系的消灭是指因某一法律事实的发生，税收法律关系主体间权利义务关系的终止，如某些税法废止、纳税主体消失等。

【**重点提示**】我国税法规定，未征、少征税款的一般追缴期限为3年。超过3年，除法定的特殊情况外，即使纳税人没有履行纳税义务，税务机关也不能再追缴税款，税收法律关系因而消灭。

第**2**章　企业主要涉税业务

学习目标

1. 了解企业的主要涉税业务。
2. 熟悉企业办理涉税业务的基本流程。

李某等10人欲共同出资成立一家有限责任公司，委托朱某完成公司设立登记，那么朱某需要完成哪些具体工作？

2.1　新设企业涉税业务

2.1.1　领取营业执照

营业执照是市场监督管理局发放给工商企业、个体经营者的准许从事某项生产经营活动的凭证。没有营业执照的工商企业或个体经营者一律不许开业，不得刻制公章、签订合同、注册商标、刊登广告，银行不予开立账户。营业执照分正本和副本，二者具有相同的法律效力。

（1）确定企业名称

首先需确定新设企业名称，目前全国已实现企业全程电子化登记，申请人只需登录所在省份的市场监督管理局网站，在线填写公司的相关信息，等待审核。

（2）资料递交

需要准备的材料包括全体投资人的身份证、法人身份证、监事（或经理）身份证；公司章程；公司地址使用证明等。企业登记机关对申请人提交的材料进行审查后网上核准、发照、归档并予以通知和公示。

（3）领取营业执照

收到通知后即可到市场监管局大厅领取公司纸质营业执照正副本及开业通知书，也可以自行网上下载电子营业执照。

在领取营业执照后，公司还需到指定的刻章机构进行印章的刻制（包括公司的公章、财务章、发票章、合同章、法人章）同时需要选择银行开设基本账户。

2.1.2　税务登记

营业执照后30日内，向生产、经营地或者纳税义务发生地的主管税务机关申报办理税务登记，可以选择电子税务局或者线下税务办事大厅。一般需要完成以下工作：①确认工商信息并补录税务信息，如办税员信息等。②存款账户账号报告备案。③财务会计制度及核算软件备案报告。④一般纳税人资格登记。⑤三方协议签订，即纳税人与税务机关、开户银行签署委托银行划款的协议。⑥发票票种核定申请。选择电子税务局进行税务登记时，按提示流程逐步完成信息登记；通过线下完成税务登记时，需提交以下主要资料：

①《税务登记表(适用单位纳税人)》(表2-1)。

②验资报告原件及复印件。

③工商营业执照或其他核准执业证件原件及复印件。

④有关合同、章程、协议书原件及复印件。

⑤法定代表人(负责人)居民身份证、护照或其他证明身份的合法证件原件及复印件。

⑥其他特殊情况需要提供的材料由省、自治区、直辖市税务机关确定。

表2-1　税务登记表
(适用单位纳税人)

填表日期：

纳税人名称					
纳税人识别号					
登记注册类型		批准设立机关		批准设立证明或文件号	
开业(设立)日期	生产经营期限		证照名称	证照号码	
注册地址		邮政编码		联系电话	
生产经营地址		邮政编码		联系电话	
核算方式	请选择对应项目打"√"□独立核算　□非独立核算			从业人数	____，其中外籍人数____
单位性质	请选择对应项目打"√"　□企业　□事业单位　□社会团体　□民办非企业单位　□其他				
网站网址		国标行业	□□　□□　□□　□□		
适用会计制度	请选择对应项目打"√" □企业会计制度　□小企业会计制度　□金融企业会计制度　□行政事业单位会计制度				
经营范围		请将法定代表人(负责人)身份证件复印件粘贴在此处。			

项目 内容 联系人	姓名	身份证件 种类	身份证件 号码	固定电话	移动电话	电子邮箱
法定代表人(负责人)						
财务负责人						
办税人						

（续）

税务代理人名称		纳税人识别号		联系电话		电子邮箱

注册资本或投资总额		币种			金额	

投资方名称	投资方经济性质	投资比例	证件种类	证件号码	国籍	地址

自然人投资比例		外资投资比例		国有投资比例	
分支机构名称		注册地址		纳税人识别号	

总机构名称		纳税人识别号	
注册地址		经营范围	
法定代表人姓名		联系电话	注册地址邮政编码	
代扣代缴、代收代缴税款业务情况	代扣代缴、代收代缴税款业务内容		代扣代缴、代收代缴税种

附报资料：

经办人签章： 　年　月　日	法定代表人(负责人)签章： 　年　月　日	纳税人公章： 　年　月　日

以下由税务机关填写：

纳税人所处街乡		隶属关系	
主管税务机关		主管税务所(科)	
经办人(签章)： 税务机关经办人： 受理日期： 　年　月　日		税务登记机关 (税务登记专用章)： 核准日期： 　年　月　日 主管税务机关：	
核发《税务登记证副本》数量：　本　发证日期：　年　月　日			

国家税务总局监制

2.1.3 增值税纳税人身份登记

在完成税务登记和税种确定后，企业还必须进行增值税纳税人身份登记。增值税纳税人身份分为一般纳税人和小规模纳税人。年应税销售额或年应税服务销售额未超过增值税小规模纳税人标准以及新开业的增值税纳税人，可以向主管税务机关申请小规模纳税人资格登记。增值税纳税人年应税销售额超过规定标准的，除符合有关规定选择按小规模纳税人纳税的，在申报期结束后 20 个工作日内按照规定向主管税务机关办理一般纳税人登记手续。线上办理时，根据提示选择纳税人身份并填报相关信息；线下办理时需报送以下主要资料：

①《增值税一般纳税人资格登记表》(略)。

②营业执照。

③税务登记证副本(已进行实名身份信息采集的纳税人可取消报送，并提供办税人本人身份证件原件供当场查验)。

此外，纳税人年应税销售额超过规定标准且符合有关政策规定，选择按小规模纳税人纳税的，应当向主管税务机关提交书面说明，进行增值税小规模纳税人资格登记。在进行资格认定登记时需要提交《选择按小规模纳税人纳税的情况说明》(略)。

【重点提示】①个体工商户以外的其他个人年应税销售额超过规定标准的，不需要向主管税务机关提交书面说明。②不同的纳税人身份会导致不同的增值税税负，正确选择增值税纳税人身份对企业的影响非常大。

2.2 正常运营企业涉税业务

2.2.1 开具增值税发票

正常运营企业需要开具增值税发票，一般纳税人需要购买税控系统专用设备自行开具增值税发票，未达增值税起征点的小规模纳税人可以不安装税控系统(税总函〔2015〕199号)。根据(财税〔2012〕15号)规定：增值税纳税人 2011 年 12 月 1 日(含，下同)以后初次购买增值税税控系统专用设备(包括分开票机)支付的费用，可凭购买增值税税控系统专用设备取得的增值税专用发票，在增值税应纳税额中全额抵减(抵减额为价税合计额)，不足抵减的可结转下期继续抵减。

2.2.2 完成纳税申报

纳税申报是指纳税人、扣缴义务人在税法规定期限内就计算缴纳或扣缴税款的有关事项向税务机关提交书面报告或者电子报告的法定手续。

【重点提示】在规定纳税期限内，即使应纳税额为零，也要进行零申报。值得注意的是，2019 年 8 月 1 日起，海南省开始试点"无税不申报"办法。

2.3 注销企业涉税业务

公司在退出市场正式终止前，需要分别注销税务登记、企业登记、社会保险登记，涉及海关报关等相关业务的公司，还需要办理海关报关单位备案注销等事宜。注销方式分为普通注销与简易注销两种。

2.3.1 普通注销流程

普通注销流程适用于各类企业。当企业出现注销事实时，成立清算组，登录在线注销平台或者线下办理注销业务，申请注销税务登记，公司清算结束后申请注销企业登记和社会保险登记。

2.3.2 简易注销流程

简易注销适用于未发生债权债务或已将债权债务清偿完结的市场主体(上市股份有限公司除外)，但具有下列情形之一时，不适用。

①涉及国家规定实施准入特别管理措施的外商投资企业。

②被列入企业经营异常名录或严重违法失信企业名单的。

③存在股权(投资权益)被冻结、出质或动产抵押等情形。

④有正在被立案调查或采取行政强制、司法协助、被予以行政处罚等情形的。

⑤企业所属的非法人分支机构未办理注销登记的。

⑥曾被终止简易注销程序的；法律、行政法规或者国务院决定规定在注销登记前需经批准的。

⑦不适用企业简易注销登记的其他情形。

基本流程为企业通过国家企业信用信息公示系统进行公示，公示期为 20 日，税务部门根据市场监管部门推送的信息进行审理，在公示期内无异议的，企业应当在公示期满之日起 20 日内向登记机关办理简易注销登记，宽展期最长不超过 30 日。

【重点提示】纳税人未按照规定的期限申报办理税务注销的，由税务机关责令限期改正，并可以处 2000 元以下的罚款；情节严重的，处 2000 元以上 10 000 元以下的罚款。

2.4 税款征收与缴纳

税款征收是指税务机关依照税收法律规范的规定，将纳税人依法应当缴纳的税款组织入库的一系列活动的总称。

2.4.1 税款征收方式

目前我国税款征收方式有以下几种：

(1)查账征收

它是指税务机关根据纳税人提供的会计账簿、会计报表等资料，依照税法规定计算应纳税款并予以征收的方式，一般适用于会计核算比较健全、能够正确计算应纳税款且认真履行纳税义务的纳税人。

【重点提示】自 2022 年 1 月 1 日起，持有股权、股票、合伙企业财产份额等权益性投资的个人独资企业、合伙企业(以下简称独资合伙企业)，一律适用查账征收方式计征个人所得税。

（2）查定征收

它是指税务机关根据纳税人从业人数、生产设备、耗用原材料、经营成本、平均利润率等因素，查定核实其产量、销售额、应纳税所得额等指标，据以计算其应纳税款并予以征收的方式，一般适用于会计核算不够健全、生产经营规模较小、产品零星、税源分散，但是能够控制原材料或进销货的纳税人。

（3）查验征收

它是指税务机关对纳税人的应税商品或产品通过查验数量，按照市场同类产品的平均价格，计算其销售收入，据以计算其应纳税款并予以征收的方式，一般适用于会计核算不够健全、生产经营不固定、零星分散、流动性大的纳税人。

（4）定期定额征收

它是指税务机关对小型微型个体工商户在一定经营地点、时期、范围内的应税销售额（包括应税销售数量）或应纳税所得额进行核定，并以此为计税依据，指以计算其应纳税款并予以征收的方式。

（5）扣缴税款征收

它是指税务机关按照税法规定，对负有代扣代缴、代收代缴税款义务的单位和个人，征收其代扣代缴、代收代缴税款的方式。

【重点提示】负有代扣代缴、代收代缴税款义务的单位和个人，应依法从交易款项中扣收纳税人应纳税款并按规定期限申报解缴税款。

（6）委托代征

它是指税务机关依法委托有关单位和个人作为代征人，代其向纳税人征收税款的方式。委托代征方式一般针对零星、分散、流动性大的纳税人，如车船税委托汽车 4S 店、关税委托海关来征收。

2.4.2 税款缴纳程序

（1）正常缴纳税款

纳税人纳税申报成功后，可自行选择"三方协议缴纳税款"或者"银行端查询缴纳税款"方式进行税款的缴纳。

三方协议缴纳税款是指纳税人、税务机关、银行三方先签订《委托银行代扣缴税费协议书》，然后由银行从纳税人银行账户划缴税款进行税款的缴纳。银行端查询缴纳税款是指在未签订三方协议的情况下，或者以三方协议缴纳税款之外的方式进行税款的缴纳。

【重点提示】纳税人或扣缴义务人未按照规定期限缴纳税款的，除责令其限期缴纳外，从滞纳税款之日起，按日加收滞纳税款 0.05% 的滞纳金。

（2）延期缴纳税款

纳税人或扣缴义务人有特殊困难不能按期缴纳税款的，按照《中华人民共和国税收征收管理法》的规定，可以申请延期缴纳税款。

【重点提示】①延期期限最长不能超过 3 个月，且同一笔税款不得滚动审批；②批准延期免予加收滞纳金。

第**3**章　增值税

**学习目标**

1. 能判定增值税一般纳税人和小规模纳税人的标准。
2. 能熟练把握两种纳税人身份的区别以及对纳税人的具体影响。
3. 能正确区分一般计税法和简易征收法的适用范围，并能准确计算。
4. 能正确完成两种纳税人身份的纳税申报。

3.1　基本知识

3.1.1　增值税概念

　　增值税是指对在我国境内销售货物或者加工、修理修配劳务(以下简称劳务)，销售服务、无形资产、不动产以及进口货物的单位和个人，就其销售货物、劳务、服务、无形资产、不动产(以下统称应税销售行为)的增值额和货物进口金额为计税依据而课征的一种流转税。

　　从计税原理上说，增值额的确定是计算增值税税额的关键。增值额是指企业在生产经营过程中新创造的那部分价值。

3.1.2　增值税类型

　　在各国实际操作中，对外购固定资产处理方式的不同形成了增值税的 3 种类型：收入型增值税、生产型增值税和消费型增值税。

　　(1)收入型增值税

　　收入型增值税指的是在征收增值税时，只允许扣除固定资产折旧部分所含的税款，未提折旧部分不得计入扣除项目金额。该类型增值税的征税对象大体上相当于国民收入，因此称为收入型增值税。

　　(2)生产型增值税

　　生产型增值税指的是在征收增值税时，只能扣除属于非固定资产项目的那部分生产资料的税款，不允许扣除固定资产价值中所含有的税款。该类型增值税的征税对象大体上相当于国民生产总值，因此称为生产型增值税。

　　(3)消费型增值税

　　消费型增值税指的是在征收增值税时，允许将固定资产价值中所含的税款全部一次性扣除。这样，就整个社会而言，生产资料都排除在征税范围之外。该类型增值税的征税对象仅相当于社会消费资料的价值，因此称为消费型增值税。

【重点提示】消费型增值税是使用最广泛的。我国增值税经历了从生产型转为消费型的改革历程，我国从 2009 年 1 月 1 日起，在全国所有地区实施消费型增值税。

3.2　税制要素

3.2.1　纳税人

《中华人民共和国增值税暂行条例》(以下简称《增值税暂行条例》)规定："在中华人民共和国境内销售货物或者加工、修理修配劳务(以下简称劳务)，销售服务、无形资产、不动产以及进口货物的单位和个人，为增值税的纳税人。"单位是指包括企业、行政单位、事业单位、军事单位、社会团体及其他单位等在内的一切单位。个人是指个体工商户和其他个人，其他个人也就是日常概念里的"自然人"。

对于销售货物、提供加工修理修配劳务或者进口货物的行为，单位租赁或者承包给其他单位或者个人经营的，以承租人或者承包人为纳税人。

对于销售服务、无形资产或者不动产的行为，单位以承包、承租、挂靠方式经营的，承包人、承租人、挂靠人(以下统称承包人)以发包人、出租人、被挂靠人(以下统称发包人)名义对外经营并由发包人承担相关法律责任的，以该发包人为纳税人，否则，以承包人为纳税人。

增值税纳税人分为小规模纳税人和一般纳税人两类，实行不同的征收和管理方式。

3.2.1.1　小规模纳税人

小规模纳税人是指年应税销售额在规定标准以下(目前为 500 万元及以下)，并且会计核算不健全，不能按规定报送有关税务资料的增值税纳税人。小规模纳税人实行简易计税方法，不得抵扣进项税额。

【重点提示】①会计核算不健全是指不能够按照国家统一会计制度的规定设置账簿，也不能够根据合法、有效凭证核算增值税的销项税额、进项税额和应纳税额。②年应税销售额是指在连续不超过 12 个月的经营期内累计应征增值税销售额。包括纳税申报销售额、稽查查补销售额、纳税评估调整销售额，纳税人偶然发生的销售无形资产、转让不动产的销售额，不计入销售服务、无形资产或者不动产的年应税销售额。

3.2.1.2　一般纳税人

年应税销售额超过规定标准(目前为 500 万元)，除按规定选择小规模纳税人身份的以外，应当向主管税务机关办理一般纳税人登记；年应税销售额未超过规定标准的增值税纳税人，会计核算健全，能够提供准确税务资料的，可以向主管税务机关办理一般纳税人登记。

一般纳税人按照增值税一般计税方法计算应纳税额，按照规定进行进项税额抵扣。

【重点提示】①纳税人一经登记为一般纳税人后，不得转为小规模纳税人，国家税务总局另有规定的除外；②纳税人应在年应税销售额超过规定标准的月份(或季度)的所属申报期结束后 15 日内按照规定办理一般纳税人登记相关手续，逾期仍不办理的，次月起按销售额依照增值税税率计算应纳税额，不得抵扣进项税额，直至纳税人办理相关手续为止。

3.2.1.3 特殊规定

年应税销售额超过小规模纳税人标准的其他个人按小规模纳税人纳税；年应税销售额超过规定标准但不经常发生应税行为的单位和个体工商户，以及非企业性单位、不经常发生应税行为的企业，可选择按照小规模纳税人纳税。

3.2.1.4 两种不同纳税人身份的主要区别

（1）计税方法不同

除特殊业务外，一般纳税人采用一般计税法计算应该缴纳的增值税。小规模纳税人在计算应纳税额时采用简易计税方法，不能抵扣进项税额。

【**重点提示**】一般纳税人在特定情形下可以选择适用简易计税方法计税，但一经选择，36个月内不得变更。

（2）对会计核算的要求不同

一般纳税人必须要做到会计核算健全，能够按照国家统一的会计制度规定设置账簿，根据合法、有效凭证进行核算。

（3）纳税申报表的格式不同

一般纳税人的增值税申报程序复杂，纳税申报表主要由主表和多张附表组成。而小规模纳税人由于采用简易计税方法，税款的计算相对简单，纳税申报表也设计得相对简单。

3.2.2 征税范围

我国增值税的征税范围包括境内销售货物或劳务，销售服务、无形资产、不动产以及进口货物。

3.2.2.1 销售和进口货物

销售货物是指有偿转让货物的所有权。进口货物是指申报进入中国海关境内的货物。只要是报关进口的应税货物，均属于增值税的征税范围，除享受免税政策外，在进口环节缴纳增值税。

【**重点提示**】这里的货物是指有形动产，包括电力、热力和气体在内。

3.2.2.2 销售劳务

销售劳务是指有偿提供加工和修理修配劳务。加工劳务通常指委托加工劳务，是由委托方提供原料及主要材料，受托方按照委托方的要求制造货物并收取加工费的业务。修理修配是指受托对损伤和丧失功能的货物进行修复，使其恢复原状和功能的业务。

【**重点提示**】单位或个体工商户聘用的员工为本单位或雇主提供加工、修理修配劳务则不包括在内。

3.2.2.3 销售服务

销售服务是指有偿提供交通运输服务、邮政服务、电信服务、建筑服务、现代服务、生活服务及金融服务。具体征税范围如下：

（1）交通运输服务

它包括陆路运输服务、水路运输服务、航空运输服务和管道运输服务。

（2）邮政服务

邮政服务是指中国邮政集团公司及其所属邮政企业提供邮件寄递、邮政汇兑和机要通信等邮政基本服务的业务活动，包括邮政普遍服务、邮政特殊服务和其他邮政服务。

（3）电信服务

电信服务是指利用有线、无线的电磁系统或者光电系统等各种通信网络资源，提供语音通话服务，传送、发射、接收或者应用图像、短信等电子数据和信息的业务活动，包括基础电信服务和增值电信服务。

（4）建筑服务

建筑服务是指各类建筑物、构筑物及其附属设施的建造、修缮、装饰，线路、管道、设备、设施等的安装以及其他工程作业的业务活动，包括工程服务、安装服务、修缮服务、装饰服务和其他建筑服务。

（5）金融服务

金融服务是指经营金融保险的业务活动，包括贷款服务、直接收费金融服务、保险服务和金融商品转让。

（6）现代服务

现代服务是指围绕制造业、文化产业、现代物流产业等提供技术性、知识性服务的业务活动，包括研发和技术服务、信息技术服务、文化创意服务、物流辅助服务、租赁服务、鉴证咨询服务、广播影视服务、商务辅助服务和其他现代服务。

（7）生活服务

生活服务是指为满足城乡居民日常生活需求提供的各类服务活动，包括文化体育服务、教育医疗服务、旅游娱乐服务、餐饮住宿服务、居民日常服务和其他生活服务。

3.2.2.4　销售无形资产

销售无形资产是指有偿转让无形资产所有权或者使用权的业务活动。无形资产是指不具实物形态但能带来经济利益的资产，包括技术、商标、著作权、商誉、自然资源使用权和其他权益性无形资产。

3.2.2.5　销售不动产

销售不动产是指有偿转让不动产所有权的业务活动。

不动产是指不能移动或者移动后会引起性质、形状改变的财产，包括建筑物、构筑物等。其中，建筑物包括住宅、商业营业用房、办公楼等可供居住、工作或者进行其他活动的建造物；构筑物包括道路、桥梁、隧道、水坝等建造物。

3.2.2.6　视同销售行为

实际经济生活中，除上述存在买卖双方的正常销售行为外，尚存在一些没有买卖双方但税法认定为销售，存在纳税义务的行为，即税法概念中的视同销售行为。

（1）视同销售货物

①将货物交付其他单位或者个人代销。

②销售代销货物。

③设有两个以上机构并实行统一核算的纳税人，将货物从一个机构移送其他机构用于销售，但相关机构设在同一县（市）的除外。

④将自产、委托加工的货物用于集体福利或个人消费。

⑤将自产、委托加工或购进的货物作为投资，提供给其他单位或个体工商户。

⑥将自产、委托加工或购进的货物分配给股东或投资者。

⑦将自产、委托加工或购进的货物无偿赠送给其他单位或者个人。

（2）视同销售服务、无形资产或者不动产

①单位或者个体工商户向其他单位或者个人无偿提供服务，但用于公益事业或者以社会公众为对象的除外。

②单位或者个人向其他单位或者个人无偿转让无形资产或者不动产，但用于公益事业或者以社会公众为对象的除外。

③财政部和国家税务总局规定的其他情形。

【重点提示】纳税人出租不动产，租赁合同中约定免租期的，不属于视同销售服务。

3.2.2.7 混合销售和兼营行为

（1）混合销售

一项销售行为如果既涉及货物又涉及服务，为混合销售。从事货物的生产、批发或者零售为主的单位和个体工商户的混合销售行为，按照销售货物缴纳增值税；其他单位和个体工商户的混合销售行为，按照销售服务缴纳增值税。

【重点提示】自2017年5月1日起，纳税人销售活动板房、机器设备、钢结构件等自产货物的同时提供建筑、安装服务，不属于混合销售，应分别核算货物和建筑服务的销售额，分别适用不同的税率或者征收率。

（2）兼营行为

兼营行为是指纳税人的经营范围既包括销售货物和加工修理修配劳务，又包括销售服务、无形资产或者不动产。

【重点提示】①纳税人销售货物、加工修理修配劳务、服务、无形资产或者不动产适用不同税率或者征收率的，应当分别核算适用不同税率或者征收率的销售额，未分别核算销售额的，从高适用税率征收。②纳税人兼营免税、减税项目的，应当分别核算免税、减税项目的销售额；未分别核算的，不得减税、免税。

（3）混合销售与兼营的区别

①混合销售强调的是在同一项销售行为中存在着不同类别经营项目的混合，销售货款及服务价款是同时从一个购买方取得的；兼营强调的是在同一纳税人的经营活动中存在着不同类别经营项目，但这不同类别经营项目不是在同一项销售行为中发生。

②在税务处理上的规定不同。混合销售按"经营主业"划分，分别按照"销售货物""销售服务"等不同应税交易征收增值税。兼营则是分别核算、分别按照适用税率或征收率征收增值税；对兼营行为不分别核算的，从高适用税率或征收率征收增值税。

3.2.2.8 不征收增值税的规定

①代为收取的同时满足以下条件的政府性基金或者行政事业性收费。

a. 由国务院或者财政部批准设立的政府性基金，由国务院或者省级人民政府及其财政、价格主管部门批准设立的行政事业性收费；

b. 收取时开具省级以上（含省级）财政部门监（印）制的财政票据；

c. 所收款项全额上缴财政。

②单位或者个体工商户聘用的员工为本单位或者雇主提供取得工资的服务。

③单位或者个体工商户为聘用的员工提供服务。

④各党派、共青团、工会、妇联、中科协、青联、台联、侨联收取党费、团费、会费，以及政府间国际组织收取会费，属于非经营活动，不征收增值税。

⑤存款利息。

⑥被保险人获得的保险赔付。

⑦财政部和国家税务总局规定的其他情形。

a. 纳税人根据国家指令无偿提供的铁路运输服务、航空运输服务，属于《营业税改征增值税试点实施办法》（财税〔2016〕36号附件1）规定的以公益活动为目的的服务，不征收增值税；

b. 房地产主管部门或者其指定机构、公积金管理中心、开发企业以及物业管理单位代收的住宅专项维修资金；

c. 纳税人在资产重组过程中，通过合并、分立、出售、置换等方式，将全部或者部分实物资产以及与其相关联的债权、负债和劳动力一并转让给其他单位和个人，不属于增值税的征税范围，其中涉及货物转让、不动产、土地使用权转让行为，不征收增值税；

将全部或者部分实物资产以及与其相关联的债权、负债经多次转让后，最终的受让方与劳动力接收方为同一单位和个人的，也不属于增值税的征税范围，其中货物的多次转让，不征收增值税。

d. 自2020年1月1日起，纳税人取得的财政补贴收入，与其销售货物、劳务、服务、无形资产、不动产的收入或者数量直接挂钩的，应按规定计算缴纳增值税。纳税人取得的其他情形的财政补贴收入，不属于增值税应税收入，不征收增值税。

3.2.3 税率和征收率

我国增值税采用"一般计税法"和"简易计税法"两种方式，一般纳税人除特殊业务活动采用"简易计税法"以外，通常采用"一般计税法"，采用一般计税法适用3种税率：基本税率（13%）；低税率（9%、6%）；零税率（出口时适用）。简易计税法适用征收率（法定征收率为3%，一些特殊项目适用5%）。

3.2.3.1 税 率（表3-1）

表3-1 增值税税率表

征税对象		税率
销售或者进口货物（除其他税率对应的货物外的所有货物）、销售加工、修理修配劳务		13%
销售或进口农产品（含粮食）、自来水、暖气、石油液化气、天然气、食用植物油、冷气、热水、煤气、居民用煤炭制品、食用盐、农机、饲料、农药、农膜、化肥、沼气、二甲醚、图书、报纸、杂志、音像制品、电子出版物及国务院规定的其他货物		9%
交通运输服务	陆路、水路、航空、管道、无运输工具承运	9%
邮政服务	邮政普遍服务、邮政特殊服务、其他邮政服务	9%

（续）

征税对象		税率
电信服务	基础电信服务	9%
	增值电信服务	6%
建筑服务	工程服务、安装服务、修缮服务、装饰服务和其他建筑服务	9%
销售不动产	转让建筑物、构筑物等不动产所有权	9%
金融服务	贷款服务、直接收费金融服务、保险服务、金融商品转让	6%
现代服务	研发和技术服务、信息技术服务、文化创意服务、物流辅助服务、鉴证咨询服务、广播影视服务、商务辅助服务、其他现代服务	6%
	有形动产租赁服务	13%
	不动产租赁服务	9%
生活服务	文化体育服务、教育医疗服务、旅游娱乐服务、餐饮住宿服务、居民日常服务、其他生活服务	6%
销售无形资产	转让技术、商标、著作权、商誉、自然资源和其他权益性无形资产使用权或所有权	6%
	转让土地使用权	9%

3.2.3.2 征收率

（1）小规模纳税人的征收率

小规模纳税人的征收率一共有两档，3%和5%。

①增值税小规模纳税人，除特别列举的外，适用3%征收率。

②销售不动产、开展不动产租赁、转让土地使用权、提供劳务派遣服务、安全保护服务选择简易计税的，征收率为5%。

③个人出租住房，按照5%的征收率减按1.5%计算应纳税额。销售自己使用过的固定资产、旧货，按照3%的征收率减按2%征收增值税。

④其他个人销售其取得（不含自建）的不动产（不含其购买的住房），按照5%的征收率计算应纳税额。

⑤其他个人出租其取得的不动产（不含住房），应按照5%的征收率计算应纳税额。

（2）一般纳税人的征收率

一般纳税人发生下列应税行为可以采用简易计税方法，其适用的征收率如下：

①适用3%征收率的范围。

a. 一般纳税人生产销售下列货物，可以选择适用简易计税方法计税，增值税征收率为3%；

- 县级及县级以下小型水力发电单位生产的电力。小型水力发电单位，是指各类投资主体建设的装机容量为5万千瓦以下（含5万千瓦）的小型水力发电单位。
- 建筑用和生产建筑材料所用的砂、土、石料。
- 以自己采掘的砂、土、石料或其他矿物连续生产的砖、瓦、石灰（不含黏土实心砖、瓦）。
- 商品混凝土（仅限于以水泥为原料生产的水泥混凝土）。

- 用微生物、微生物代谢产物、动物毒素、人或动物的血液或组织制成的生物制品。
- 自来水。
- 寄售商店代销寄售物品(包括居民个人寄售的物品在内)。
- 典当业销售死当物品。
- 生产销售和批发、零售罕见病药品及抗癌药。
- 单采血浆站销售非临床用人体血液。
- 药品经营企业销售生物制品。
- 兽用药品经营企业销售兽用生物制品。

b. 增值税一般纳税人销售下列服务,可以选择简易计税方法计税,征收率为3%;

- 公共交通运输服务。公共交通运输服务,包括轮客渡、公交客运、地铁、城市轻轨、出租车、长途客运、班车。班车,是指按固定路线、固定时间运营并在固定站点停靠的运送旅客的陆路运输服务。

- 经认定的动漫企业为开发动漫产品提供的动漫脚本编撰、形象设计、背景设计、动画设计、分镜、动画制作、摄制、描线、上色、画面合成、配音、配乐、音效合成、剪辑、字幕制作、压缩转码(面向网络动漫、手机动漫格式适配)服务,以及在境内转让动漫版权(包括动漫品牌、形象或者内容的授权及再授权)。

- 电影放映服务、仓储服务、装卸搬运服务、收派服务和文化体育服务。自2019年1月1日至2027年12月31日,一般纳税人提供的城市电影放映服务,可以按现行政策规定,选择按照简易计税办法计算缴纳增值税。

- 以纳入营改增试点之日前取得的有形动产为标的物提供的经营租赁服务。
- 在纳入营改增试点之日前签订的尚未执行完毕的有形动产租赁合同。
- 提供物业管理服务的纳税人,向服务接受方收取的自来水水费。
- 非企业性单位中的一般纳税人提供的研发和技术服务、信息技术服务、鉴证咨询服务,以及销售技术、著作权等无形资产,提供技术转让、技术开发和与之相关的技术咨询、技术服务。

- 一般纳税人提供非学历教育服务、教育辅助服务。
- 公路经营企业中的一般纳税人收取营改增试点前开工的高速公路的车辆通行费。

c. 增值税一般纳税人提供的建筑服务,可以选择简易计税方法计算应纳增值税额,征收率为3%;

- 一般纳税人以清包工方式提供的建筑服务,可以选择适用简易计税方法计税。

【重点提示】以清包工方式提供建筑服务,是指施工方不采购建筑工程所需的材料或只采购辅助材料,并收取人工费、管理费或者其他费用的建筑服务。

- 一般纳税人为甲供工程提供的建筑服务,可以选择适用简易计税方法计税。

【重点提示】甲供工程,是指全部或部分设备、材料、动力由工程发包方自行采购的建筑工程。

- 一般纳税人销售自产机器设备的同时提供安装服务,应分别核算机器设备和安装服务的销售额,安装服务可以按照甲供工程选择适用简易计税方法计税。

- 一般纳税人销售外购机器设备的同时提供安装服务,如果已经按照兼营的有关规定,分别核算机器设备和安装服务的销售额,安装服务可以按照甲供工程选择适用简易计税方法计税。

    ● 一般纳税人为建筑工程老项目提供的建筑服务，可以选择适用简易计税方法计税。

    ● 一般纳税人跨县（市）提供建筑服务，选择适用简易计税方法计税的，应以取得的全部价款和价外费用扣除支付的分包款后的余额为销售额，按照3%的征收率计算应纳税额。

    ● 建筑工程总承包单位为房屋建筑的地基与基础、主体结构提供工程服务，建设单位自行采购全部或部分钢材、混凝土、砌体材料、预制构件的，适用简易计税方法计税。

    d. 增值税一般纳税人提供下列金融服务取得的收入，可以选择简易计税方法按照3%的征收率计算缴纳增值税；

    ● 农村信用社、村镇银行、农村资金互助社、由银行业机构全资发起设立的贷款公司、法人机构在县（市、区、旗）及县以下地区的农村合作银行和农村商业银行提供金融服务收入。

    ● 对中国农业银行纳入"三农金融事业部"改革试点的各省、自治区、直辖市、计划单列市分行下辖的县域支行和新疆生产建设兵团分行下辖的县域支行（也称县事业部），提供农户贷款、农村企业和农村各类组织贷款取得的利息收入。

    ● 自2018年7月1日至2027年12月31日，对中国邮政储蓄银行纳入"三农金融事业部"改革的各省、自治区、直辖市、计划单列市分行下辖的县域支行，提供农户贷款、农村企业和农村各类组织贷款取得的利息收入。

    e. 资管产品管理人运营资管产品过程中发生的增值税应税行为，暂适用简易计税方法，按照3%征收率缴纳增值税；

    f. 自2022年3月1日起，从事再生资源回收的增值税一般纳税人销售其收购的再生资源，可以选择适用简易计税方法依照3%征收率计算缴纳增值税，或适用一般计税方法计算缴纳增值税。

    ②适用5%征收率的范围。

    a. 一般纳税人销售不动产或经营租赁不动产，选择简易方法计税的，征收率为5%；

    b. 一般纳税人2016年4月30日前签订的不动产融资租赁合同，或以2016年4月30日前取得的不动产提供的融资租赁服务，选择适用简易计税方法的，按照5%的征收率计算缴纳增值税；

    c. 房地产开发企业的一般纳税人销售自行开发的房地产老项目，选择适用简易计税方法的，征收率为5%；

    d. 纳税人转让2016年4月30日前取得的土地使用权，可以选择适用简易计税方法，以取得的全部价款和价外费用减去取得该土地使用权的原价后的余额为销售额，按照5%的征收率计算缴纳增值税；

    e. 一般纳税人提供劳务派遣服务，选择按照差额计税的，征收率为5%；

    f. 一般纳税人提供人力资源外包服务，选择简易计税方法计税的，按照5%的征收率计算缴纳增值税；

    g. 纳税人提供安全保护服务，选择差额纳税的，按照5%的征收率计算缴纳增值税；

    h. 一般纳税人收取试点前开工的一级公路、二级公路、桥、闸通行费，可以选择适用简易计税方法，按照5%的征收率计算缴纳增值税。试点前开工，是指相关施工许可证注明的合同开工日期在2016年4月30日前；

i. 自2019年1月1日起至2027年12月31日止，纳税人生产销售新支线飞机暂减按5%征收增值税；

j. 中外合作油(气)田开采的原油、天然气按实物征收增值税，征收率为5%；

k. 自2021年10月1日起，住房租赁企业向个人出租住房，适用以下政策：

● 住房租赁企业中的增值税一般纳税人向个人出租住房取得的全部出租收入，可以选择适用简易计税方法，按照5%的征收率减按1.5%计算缴纳增值税，或适用一般计税方法计算缴纳增值税。

● 住房租赁企业中的增值税小规模纳税人向个人出租住房，按照5%的征收率减按1.5%计算缴纳增值税。

● 住房租赁企业向个人出租住房适用上述简易计税方法并进行预缴的，减按1.5%预征率预缴增值税。

3.2.3.3 零税率

出口货物、劳务或者境内单位和个人跨境销售服务、无形资产、不动产，税率为零。

（1）出口货物或者劳务

纳税人出口货物或者劳务，适用增值税零税率，但是，国务院另有规定的除外。零税率是税收优惠的一种体现，是为了鼓励企业出口货物或者劳务而采用的一种税率。

（2）出口服务或者无形资产(统称跨境应税行为)

①国际运输服务。国际运输服务是指：在境内载运旅客或者货物出境；在境外载运旅客或者货物入境；在境外载运旅客或者货物。

②航天运输服务。

③向境外单位提供的完全在境外消费的下列服务：研发服务；合同能源管理服务；设计服务；广播影视节目(作品)的制作和发行服务；软件服务；电路设计及测试服务；信息系统服务；业务流程管理服务；离岸服务外包业务，包括信息技术外包服务(ITO)、技术性业务流程外包服务(BPO)、技术性知识流程外包服务(KPO)，其所涉及的具体业务活动，按照《销售服务、无形资产、不动产注释》相对应的业务活动执行；转让技术。

④财政部和国家税务总局规定的其他服务。

3.2.3.4 预征率

①一般纳税人跨县(市、区)提供建筑服务适用一般计税方法计税的，以取得的全部价款和价外费用扣除支付的分包款后的余额，按照2%的预征率计算应预缴税款；选择适用简易计税方法计税的，以取得的全部价款和价外费用扣除支付的分包款后的余额，按照3%的征收率计算应预缴税款。

②一般纳税人销售不动产按照5%的预征率在不动产所在地预缴税款。

③一般纳税人出租不动产，应按照3%的预征率在不动产所在地预缴税款。

④房地产开发企业中的一般纳税人销售房地产老项目，适用一般计税方法计税的，按照3%的预征率在不动产所在地预缴税款。

⑤房地产开发企业采取预收款方式销售所开发的房地产项目，在收到预收款时按照3%的预征率预缴增值税。

3.2.3.5 特殊规定

（1）一般纳税人提供劳务派遣服务

一般纳税人提供劳务派遣服务，也可以选择差额纳税，以取得的全部价款和价外费用，扣除代用工单位支付给劳务派遣员工的工资、福利和为其办理社会保险及住房公积金后的余额为销售额，按照简易计税方法依5%的征收率计算缴纳增值税。

（2）一般纳税人销售机器设备的同时提供安装服务

一般纳税人销售自产机器设备的同时提供安装服务，应分别核算机器设备和安装服务的销售额，安装服务可以按照甲供工程选择适用简易计税方法计税。

一般纳税人销售外购机器设备的同时提供安装服务，如果已经按照兼营的有关规定，分别核算机器设备和安装服务的销售额，安装服务可以按照甲供工程选择适用简易计税方法计税。

3.2.4 增值税的优惠政策

3.2.4.1 《增值税暂行条例》规定的免征增值税项目

①农业生产者销售的自产农产品。农业是指种植业、养殖业、林业、牧业、水产业。农业生产者，包括从事农业生产的单位和个人。农产品，是指初级农产品，具体范围由财政部、国家税务总局确定。

"公司+农户"经营模式从事畜禽饲养，纳税人回收再销售畜禽，属于农业生产者销售自产农产品，免征增值税。

制种企业按照一定生产经营模式生产销售种子，属于农业生产者销售自产农业产品，免征增值税。

②避孕药品和用具。

③古旧图书。指向社会收购的古书和旧书。

④直接用于科学研究、科学试验和教学的进口仪器、设备。对科学研究机构、技术开发机构、学校等单位进口国内不能生产或者性能不能满足需要的科学研究、科技开发和教学用品，免征进口关税和进口环节增值税、消费税。

⑤外国政府、国际组织无偿援助的进口物资和设备。

⑥由残疾人的组织直接进口供残疾人专用的物品。

⑦其他个人销售自己使用过的物品。

除上述规定外，增值税的免税、减税项目由国务院规定，任何地区、部门均不得规定免税、减税项目。

3.2.4.2 财政部、国家税务总局规定的增值税减免税项目

（1）销售货物

①对承担粮食收储任务的国有粮食购销企业销售的粮食和大豆免征增值税。对其他粮食企业经营的粮食，用于军队、救灾救济、水库移民项目的免征增值税。

②政府储备食用植物油的销售免征增值税。

③销售饲料免征增值税。饲料产品包括单一大宗饲料、混合饲料、配合饲料、复合预混料、浓缩饲料。

【**重点提示**】宠物饲料不属于免征增值税的饲料。

④蔬菜流通环节免征增值税。

⑤部分鲜活肉蛋产品流通环节免征增值税。

【**重点提示**】免征增值税的鲜活肉产品是指猪、牛、羊、鸡、鸭、鹅及其整块或者分割的鲜肉、冷藏或者冷冻肉，内脏、头、尾、骨、蹄、翅、爪等组织。免征增值税的鲜活蛋产品是指鸡蛋、鸭蛋、鹅蛋，包括鲜蛋、冷藏蛋以及对其进行破壳分离的蛋液、蛋黄和蛋壳。

⑥对供热企业向居民个人(以下称居民)供热而取得的采暖费收入免征增值税。

(2)销售服务

下面销售服务免征增值税：

①托儿所、幼儿园提供的保育和教育服务。

【**重点提示**】超过规定收费标准的收费，以开办实验班、特色班和兴趣班等为由另外收取的费用以及与幼儿入园挂钩的赞助费、支教费等超过规定范围的收入，不属于免征增值税的收入。

②养老机构提供的养老服务。

③残疾人福利机构提供的育养服务。

④婚姻介绍服务。

⑤殡葬服务。

⑥残疾人员本人为社会提供的服务。

【**重点提示**】残疾人个人提供的加工、修理修配劳务免征增值税。

⑦学生勤工俭学提供的服务。

⑧农业机耕、排灌、病虫害防治、植物保护、农牧保险以及相关技术培训业务，家禽、牲畜、水生动物的配种和疾病防治(包括与该项服务有关的提供药品和医疗用具的业务以及动物诊疗机构提供的动物疾病预防、诊断、治疗和动物绝育手术等动物诊疗服务)。

⑨纪念馆、博物馆、文化馆、文物保护单位管理机构、美术馆、展览馆、书画院、图书馆在自己的场所提供文化体育服务取得的第一道门票收入。

⑩寺院、宫观、清真寺和教堂举办文化、宗教活动的门票收入。

⑪福利彩票、体育彩票的发行收入。

⑫社会团体收取的会费，免征增值税。

【**重点提示**】社会团体，是指依照国家有关法律法规设立或登记并取得《社会团体法人登记证书》的非营利法人。

⑬医疗机构提供的医疗服务。

【**重点提示**】对非营利性医疗机构自产自用的制剂，免征增值税。

⑭从事教育的学校提供的教育服务。

a. 提供学历教育的学校提供的教育服务收入免征增值税；

【**重点提示**】提供教育服务免征增值税的收入，是指对列入规定招生计划的在籍学生提供学历教育服务取得的收入，具体包括：经有关部门审核批准并按规定标准收取的学费、住宿费、课本费、作业本费、考试报名费收入，以及学校食堂提供餐饮服务取得的伙食费收入。除此之外的收入，包括学校以各种名义收取的赞助费、择校费等，不属于免征增值税的范围。

b. 政府举办的从事学历教育的高等、中等和初等学校(不含下属单位),举办进修班、培训班取得的全部归该学校所有的收入;

c. 政府举办的职业学校设立的主要为在校学生提供实习场所、并由学校出资自办、由学校负责经营管理、经营收入归学校所有的企业,从事《销售服务、无形资产、不动产注释》中"现代服务"(不含融资租赁服务、广告服务和其他现代服务)、"生活服务"(不含文化体育服务、其他生活服务和桑拿、氧吧)业务活动取得的收入。

(3)销售无形资产

下列项目免征增值税:

①个人转让著作权。

②纳税人提供技术转让、技术开发和与之相关的技术咨询、技术服务。

(4)销售不动产及不动产租赁服务

下列项目免征或减征增值税。

①个人销售自建自用住房免征增值税。

②涉及家庭财产分割的个人无偿转让不动产、土地使用权免征增值税。

③个人出租住房,应按照5%的征收率减按1.5%计算应纳增值税。

④将土地使用权转让给农业生产者用于农业生产免征增值税。

⑤土地所有者出让土地使用权和土地使用者将土地使用权归还给土地所有者免征增值税。

(5)金融服务

下列项目免征增值税:

①符合条件的利息收入免征增值税,包括国家助学贷款、国债、地方政府债、人民银行对金融机构的贷款、住房公积金管理中心用住房公积金在指定的委托银行发放的个人住房贷款、外汇管理部门在从事国家外汇储备经营过程中,委托金融机构发放的外汇贷款、统借统还业务中,企业集团或企业集团中的核心企业以及集团所属财务公司按不高于支付给金融机构的借款利率水平或者支付的债券票面利率水平,向企业集团或者集团内下属单位收取的利息。自2019年2月1日至2027年12月31日,对企业集团内单位(含企业集团)之间的资金无偿借贷行为,免征增值税。

②被撤销金融机构以货物、不动产、无形资产、有价证券、票据等财产清偿债务。

③保险公司开办的一年期以上人身保险产品取得的保费收入。

④符合条件的金融商品转让收入。

(6)进口货物

①对中国经济图书进出口公司、中国出版对外贸易总公司为大专院校和科研单位免税进口的图书、报刊等资料,在其销售给上述院校和单位时,免征国内销售环节的增值税。

②对中国教育图书进出口公司、北京中科进出口公司、中国国际图书贸易总公司销售给高等学校、科研单位和北京图书馆的进口图书、报刊资料免征增值税。

③对中国科技资料进出口总公司为科研单位、大专院校进口的用于科研、教学的图书、文献、报刊及其他资料(包括只读光盘、缩微平片、胶卷、地球资源卫星照片、科技和教学声像制品)免征国内销售环节增值税。

④对中国图书进出口总公司销售给国务院各部委、各直属机构及各省、自治区、直辖市所属科研机构和大专院校的进口科研、教学书刊免征增值税。

⑤自2018年5月1日起，对进口抗癌药品，减按3%征收进口环节增值税；自2019年3月1日起，对进口罕见病药品，减按3%征收进口环节增值税。

3.2.4.3　增值税的即征即退

（1）资源综合利用产品和劳务

增值税一般纳税人销售自产的资源综合利用产品和提供资源综合利用劳务，可享受增值税即征即退政策。

【重点提示】纳税人的纳税信用级别不能为C级或D级。

（2）修理修配劳务

对飞机维修劳务增值税实际税负超过6%的部分即征即退。

（3）软件产品

增值税一般纳税人销售其自行开发生产的软件产品以及将进口软件产品进行本地化改造后对外销售，按13%的税率征收增值税后，对其增值税实际税负超过3%的部分实行即征即退政策。

（4）安置残疾人

对安置残疾人的单位和个体工商户，由税务机关按纳税人安置残疾人的人数，限额即征即退增值税。

（5）黄金期货交易

上海期货交易所会员和客户通过上海期货交易所销售标准黄金发生实物交割但未出库的，免征增值税；发生实物交割并已出库的，由税务机关按照实际交割价格代开增值税专用发票，并实行增值税即征即退的政策，同时免征城市维护建设税和教育费附加。

（6）铂金交易

进口铂金免征进口环节增值税，国内铂金生产企业自产自销的铂金也实行增值税即征即退政策。

（7）管道运输服务

一般纳税人提供管道运输服务，对其增值税实际税负超过3%的部分实行增值税即征即退政策。

（8）有形动产融资租赁和售后回租服务

经人民银行、银监会或者商务部批准从事融资租赁业务的试点纳税人中的一般纳税人，提供有形动产融资租赁服务和有形动产融资性售后回租服务，对其增值税实际税负超过3%的部分实行增值税即征即退政策。

（9）风力发电

自2015年7月1日起，对纳税人销售自产的利用风力生产的电力产品，实行增值税即征即退50%的政策。

3.2.4.4　增值税的起征点

个人发生应税行为的销售额未达到增值税起征点的，免征增值税；达到起征点的，全额计算缴纳增值税。

①按期纳税的，为月销售额 5000~20 000 元(含本数)。

②按次纳税的，为每次(日)销售额 300~500 元(含本数)。

【重点提示】起征点仅限于个人，不包括登记为一般纳税人的个体工商户。

3.2.4.5　小规模纳税人增值税优惠政策

为鼓励小规模企业发展，我国出台了一系列相应的税收优惠政策，并适时进行调整。如：2023 年 1 月 1 日至 2027 年 12 月 31 日，月销售额 10 万元以下的小规模纳税人，免征增值税；2023 年 1 月 1 日至 2027 年 12 月 31 日增值税小规模纳税人适用 3%征收率的应税销售收入，减按 1%征收率征收增值税；适用 3%预征率预缴增值税项目，减按 1%预征率预缴增值税。

3.3　增值税的计算

增值税的计税方法，主要有一般计税法和简易计税法。一般纳税人除特别业务采用简易计税法外均应采用一般计税法计税，小规模纳税人采用简易计税法计税。

3.3.1　一般计税法应纳税额计算

我国采用的是间接计算法，即国际上通行的购进扣税法，也称一般计税法。使用该方法时，对纳税人发生的销售额征税(称为销项税额)，同时纳税人购进项目所含进项税额可以抵扣(称为进项税额)。当期销项税额抵扣当期进项税额后的余额为应纳增值税额。因此，增值税的应纳税额计算公式为：

$$当期应纳增值税额＝当期销项税额－当期进项税额$$

当期销项税额小于当期进项税额不足抵扣时，其不足部分可以结转下期继续抵扣或留抵退税。

3.3.1.1　销项税额的计算

销项税额是指纳税人销售货物、劳务、服务、无形资产或者不动产，按照销售额和适用税率计算收取的增值税额。由于增值税为价外税，计算销项税额的销售额为不含增值税的销售额(称为不含税销售额)，收到的全部销售额为不含税销售额和增值税的总和。

$$销项税额＝不含税销售额×增值税适用税率$$

或　$$销项税额＝含税销售额/(1+增值税适用税率)×增值税适用税率$$

(1)一般销售方式下销售额的确定

销售额为纳税人发生应税销售行为收取的全部价款和价外费用。具体来说，包括以下内容。

①销售货物或提供应税劳务取自于购买方的全部价款。

②向购买方收取的各种价外费用。具体包括手续费、补贴、基金、集资费、返还利润、奖励费、违约金、延期付款利息、滞纳金、赔偿金、包装费、包装物租金、储备费、优质费、运输装卸费、代收款项、代垫款项以及其他各种性质的价外收费。价外费用无论其会计制度如何核算，都应并入销售额计税。

（2）特殊销售方式下销售额的确定

①以折扣方式销售货物。按照我国现行税法规定：纳税人采取折扣方式销售货物，如果销售额和折扣额在同一张发票上分别注明，可以按折扣后的销售额征收增值税，销售额和折扣额在同一张发票上分别注明是指销售额和折扣额在同一张发票上的"金额"栏分别注明；未在同一张发票"金额"栏注明折扣额，而仅在发票的"备注"栏注明折扣额的，折扣额不得从销售额中减除。如果将折扣额另开发票，不论其在财务上如何处理，均不得从销售额中减除折扣额。

【重点提示】现金折扣（即为了鼓励购货方及时偿还货款而给予的折扣）不得从销售额中减除。

②以旧换新方式销售货物。我国税法规定，纳税人采取以旧换新方式销售货物的（金银首饰除外），应按新货物的同期销售价格确定销售额。

③还本销售方式销售货物。还本销售是指销货方将货物出售之后，按约定的时间，一次或分次将购货款部分或全部退还给购货方，退还的货款即为还本支出。纳税人采取还本销售货物的，不得从销售额中减除还本支出。

④采取以物易物方式销售。我国税法规定，以物易物双方都应作购销处理，以各自发出的货物核算销售额并计算销项税额，以各自收到的货物核算购货额及进项税额。

⑤直销企业增值税销售额确定

a. 直销企业先将货物销售给直销员，直销员再将货物销售给消费者的，直销企业的销售额为其向直销员收取的全部价款和价外费用。直销员将货物销售给消费者时，应按照现行规定缴纳增值税；

b. 直销企业通过直销员向消费者销售货物，直接向消费者收取货款，直销企业的销售额为其向消费者收取的全部价款和价外费用。

⑥包装物押金计税。我国税法规定，纳税人为销售货物而出租出借包装物收取的押金，单独记账的、时间在1年内又未过期的，不并入销售额征税；但对逾期未收回不再退还的包装物押金，应按所包装货物的适用税率计算纳税。对销售除啤酒、黄酒以外的其他酒类产品收取的包装物押金，无论是否返还以及会计上如何核算，均应并入当期销售额征税。

【重点提示】①"逾期"是指按合同约定日期或以1年（12个月）为期限，对收取1年以上的押金，无论是否退还均应并入销售额征税；②押金属于含税收入。

⑦销货退回或销售折让计税。我国税法规定，一般纳税人因销货退回和折让而退还给购买方的增值税额，应从发生销货退回或折让当期的销项税额中扣减。

【重点提示】纳税人发生有关应税行为，开具增值税专用发票后，发生开票有误或者销售折让、中止、退回等情形的，应当按照规定开具红字增值税专用发票；未按照规定开具红字增值税专用发票的，不得扣减销项税额或者销售额。

⑧贷款服务。以提供贷款服务取得的全部利息及利息性质的收入为销售额。

⑨直接收费的金融服务。以提供直接收费金融服务收取的手续费、佣金、酬金、管理费、服务费、经手费、开户费、过户费、结算费、转托管费等各类费用为销售额。金融机构开展贴现、转贴现业务，以其实际持有票据期间取得的利息收入作为贷款服务销售额计算缴纳增值税。

（3）视同销售行为销售额的确定

纳税人发生应税销售行为价格明显偏低并无正当理由或者发生视同销售行为而无销售额的，由主管税务机关按照下列顺序核定其计税销售额。

①按纳税人最近时期同类货物、服务、无形资产或者不动产的平均销售价格确定。

②按其他纳税人最近时期同类货物、服务、无形资产或者不动产的平均销售价格确定。

③用以上两种方法均不能确定其销售额的情况下，可按组成计税价格确定销售额。公式为：

$$组成计税价格 = 成本 \times (1+成本利润率)$$

属于应征消费税的货物，其组成计税价格应加计消费税税额。计算公式为：

$$组成计税价格 = 成本 \times (1+成本利润率) + 消费税税额$$

或　　　$$组成计税价格 = 成本 \times (1+成本利润率)/(1-消费税税率)$$

式中，货物"成本"分为两种情况：属于销售自产货物的为实际生产成本；属于销售外购货物的为实际采购成本。

货物"成本利润率"为10%。但属于应征收消费税的货物，其组成计税价格公式中的成本利润率，为消费税政策中规定的成本利润率（详见本书第四章消费税）。成本利润率由国家税务总局确定。

3.3.1.2　进项税额的计算

进项税额，是指纳税人购进货物、劳务、服务、无形资产、不动产支付或者负担的增值税额。

【重点提示】并不是购进货物、接受应税劳务、服务、无形资产或不动产所支付或者负担的增值税都可以在销项税额中抵扣。税法对哪些进项税额可以抵扣、哪些进项税额不能抵扣作了严格的规定。

（1）准予从销项税额中抵扣的进项税额

①从销售方取得的增值税专用发票上注明的增值税额。

②从海关取得的海关进口增值税专用缴款书上注明的增值税额。

【重点提示】上述增值税额不需要纳税人计算，但要注意其增值税专用发票及海关进口增值税专用缴款书的合法性，对不符合规定的扣税凭证一律不准抵扣。

③购进农产品准予抵扣的进项税额。

a. 纳税人购进农产品，取得一般纳税人开具的增值税专用发票或海关进口增值税专用缴款书的，以注明的增值税额为进项税额；

b. 从小规模纳税人处取得增值税专用发票的，以增值税专用发票上注明的农产品金额和9%的扣除率计算进项税额；

c. 纳税人取得（开具）农产品销售发票或收购发票的，以农产品销售发票或收购发票上注明的农产品买价和9%的扣除率计算进项税额；

d. 纳税人购进用于生产或者委托加工13%税率货物的农产品，按照10%的扣除率计算进项税额。其中，9%是凭票据实抵扣或凭票计算抵扣进项税额；1%是在生产领用农产品当期加计抵扣进项税额；

加计扣除农产品进项税额=当期生产领用农产品已按规定扣除率(税率)抵扣税额/扣除率(税率)×1%。

e. 农产品进项税额核定办法。自 2012 年 7 月 1 日起,以购进农产品为原料生产销售液体乳及乳制品、酒及酒精、植物油的增值税一般纳税人,纳入农产品增值税进项税额核定扣除试点范围,其购进农产品无论是否用于生产上述产品,增值税进项税额均按照《农产品增值税进项税额核定扣除试点实施办法》《财政部国家税务总局关于扩大农产品增值税进项税额核定扣除试点行业范围的通知》执行。

④纳税人购进国内旅客运输服务未取得增值税专用发票准予抵扣的进项税额。

a. 取得增值税电子普通发票的,为发票上注明的税额;

b. 取得注明旅客身份信息的航空运输电子客票行程单的,为按照下列公式计算的进项税额:

$$航空旅客运输进项税额=(票价+燃油附加费)/(1+9\%)×9\%$$

c. 取得注明旅客身份信息的铁路车票的,为按照下列公式计算的进项税额:

$$铁路旅客运输进项税额=票面金额/(1+9\%)×9\%$$

d. 取得注明旅客身份信息的公路、水路等其他客票的,按照下列公式计算进项税额:

$$公路、水路等其他旅客运输进项税额=票面金额/(1+3\%)×3\%$$

⑤纳税人支付的道路、桥、闸通行费准予抵扣的进项税额。

a. 纳税人支付的道路通行费,按照收费公路通行费增值税电子普通发票上注明的增值税额抵扣进项税额。

b. 纳税人支付的桥、闸通行费,暂凭取得的通行费发票上注明的收费金额,按照下列公式计算可抵扣的进项税额:

$$桥、闸通行费可抵扣进项税额=桥、闸通行费发票上注明的金额/(1+5\%)×5\%$$

【重点提示】通行费是指有关单位依法或者依规设立并收取的过路、过桥和过闸费用。

⑥建筑业进项税额抵扣的特殊规定。

建筑企业与发包方签订建筑合同后,以内部授权或者三方协议等方式,授权集团内其他纳税人(以下称第三方)为发包方提供建筑服务,并由第三方直接与发包方结算工程款的,由第三方向发包方开具增值税发票,发包方可凭实际提供建筑服务的纳税人开具的增值税专用发票抵扣进项税额。

(2)不得从销项税额中抵扣的进项税额

下列项目的进项税额不得从销项税额中抵扣。

①用于简易计税方法计税项目、免征增值税项目、集体福利或者个人消费的购进货物、劳务、服务、无形资产和不动产。

【重点提示】纳税人的交际应酬消费属于个人消费。

②非正常损失的购进货物,以及相关的劳务和交通运输服务。

③非正常损失的在产品、产成品所耗用的购进货物(不包括固定资产)、劳务和交通运输服务。

④非正常损失的不动产,以及该不动产所耗用的购进货物、设计服务和建筑服务。

⑤非正常损失的不动产在建工程所耗用的购进货物、设计服务和建筑服务。纳税人新建、改建、扩建、修缮、装饰不动产,均属于不动产在建工程。

⑥购进的贷款服务、餐饮服务、居民日常服务和娱乐服务。

⑦财政部和国家税务总局规定的其他情形。

【重点提示】非正常损失是指因管理不善造成货物被盗、丢失、霉烂变质，以及因违反法律法规造成货物或者不动产被依法没收、销毁、拆除的情形。

⑧适用一般计税方法的纳税人，兼营简易计税方法计税项目、免征增值税项目而无法划分不得抵扣的进项税额，按照下列公式计算不得抵扣的进项税额：

不得抵扣的进项税额=当期无法划分的全部进项税额/当期简易计税方法计税项目销售额+
免征增值税项目销售额)/当期全部销售额

主管税务机关可以按照上述公式依据年度数据对不得抵扣的进项税额进行清算。

3.3.2　简易计税法应纳税额计算

小规模纳税人销售货物、劳务、服务、无形资产、不动产，按简易方法计算；一般纳税人发生的某些应税行为，也按简易计税方法计算，即按销售额和规定征收率计算应纳税额，不得抵扣进项税额，其应纳税额的计算公式为：

$$应交增值税=销售额×征收率$$

公式中销售额包括销售货物或提供应税劳务向购买方收取的全部价款和价外费用，但不包括按征收率收取的增值税税额。

3.3.2.1　一般纳税人按3%简易征收的行为

寄售商店代销寄售物品；典当业销售死当物品；经国务院或国务院授权机关批准的免税商店零售免税品；提供物业管理服务的一般纳税人，向服务接受方收取的自来水水费，此类行为应交增值税=含税销售额/(1+3%)×3%。

3.3.2.2　一般纳税人依照3%减按2%简易征收的行为

销售自己使用过的购入时不得抵扣且未抵扣进项税额的固定资产；销售2013年8月1日前购进自用的应征消费税的摩托车、汽车、游艇；销售旧货(一般指旧货经营单位销售旧货，但不包括自己使用过的物品)，此类行为应交增值税=含税销售额/(1+3%)×2%。

【重点提示】自己使用过的固定资产是指纳税人符合规定并根据财务会计制度已经计提折旧的固定资产。

3.3.2.3　一般纳税人按3%减按2%简易计税法

从事二手车经销的纳税人销售其收购的二手车，按3%征收率简易征收，自2020年5月1日至2027年12月31日减按0.5%征收率征收增值税，并按下列公式计算销售额：销售额=含税销售额/(1+0.5%)，应交增值税=销售额×0.5%。

3.3.2.4　一般纳税人可选择3%简易计税法的行为

①县级及县级以下小型水力发电单位生产的电力。小型水力发电单位是指各类投资主体建设的装机容量为5万千瓦以下(含5万千瓦)的小型水力发电单位。

②建筑用和生产建筑材料所用的砂、土、石料。

③以自己采掘的砂、土、石料或其他矿物连续生产的砖、瓦、石灰(不含黏土实心砖、瓦)。

④用微生物、微生物代谢产物、动物毒素、人或动物的血液或组织制成的生物制品。

⑤自来水。对自来水公司销售自来水按简易计税方法依照3%征收率征收增值税时，不得抵扣其购进自来水取得增值税扣税凭证上注明的增值税税款。

⑥商品混凝土(仅限于以水泥为原料生产的水泥混凝土)。

⑦单采血浆站销售的非临床用人体血液(此项一旦选择按简易计税方法适用的征收率计税，不得对外开具增值税专用发票)。

【重点提示】①增值税一般纳税人选择简易计税方法计算缴纳增值税后，36个月内不得变更。②一般纳税人采取简易计税方法计税时，不得抵扣进项税额。

3.3.3 进口环节增值税计算

根据《增值税暂行条例》的规定，申报进入中华人民共和国海关境内的货物，均应缴纳增值税，增值税的纳税义务人为进口货物的收货人或办理报关手续的单位和个人，包括国内一切从事进口业务的企事业单位、机关团体和个人。

3.3.3.1 组成计税价格

进口货物增值税的组成计税价格中包括已纳关税税额以及进口环节已纳消费税税额。

①一般贸易项下进口货物的关税完税价格以海关审定的成交价格为基础的到岸价格作为完税价格。所谓成交价格是一般贸易项下进口货物的买方为购买该项货物向卖方实际支付或应当支付的价格；到岸价格是包括货价，加上货物运抵我国关境内输入地点起卸前的包装费、运费、保险费和其他劳务费等费用构成的一种价格。

②特殊贸易项下进口的货物，由于进口时没有成交价格可作依据，《中华人民共和国进出口关税条例》(2016年修订)对这些进口货物制定了确定其完税价格的具体办法。

组成计税价格的计算公式如下：

$$组成计税价格=关税完税价格+关税+消费税$$

或　组成计税价格=(关税完税价格+关税)/(1-消费税税率)

3.3.3.2 应纳税额的计算

纳税人进口货物，按照组成计税价格和适用的税率计算应纳税额，不得抵扣任何税额，即在计算进口环节的应纳增值税税额时，不得抵扣发生在我国境外的各种税金。

进口货物在海关缴纳的增值税，符合抵扣范围的，凭借海关进口增值税专用缴款书，可以从当期销项税额中抵扣。

3.4 增值税出口退(免)税

目前我国退(免)税主要包括增值税、消费税，即对出口货物、劳务和跨境应税行为已承担或应承担的增值税和消费税等间接税实行退还或者免征，对应征收增值税的出口货物、劳务和跨境应税行为实行零税率(国务院另有规定除外)。

3.4.1 增值税退(免)税基本方法

适用增值税退(免)税政策的出口货物、劳务和应税行为，按照下列规定实行增值税

"免、抵、退"税或"免、退"税办法。

3.4.1.1 "免、抵、退"税办法

适用增值税一般计税方法的生产企业出口自产货物与视同自产货物、对外提供加工修理修配劳务，以及列名的74家生产企业出口非自产货物，免征增值税，相应的进项税额抵减应纳增值税税额(不包括适用增值税即征即退、先征后退政策的应纳增值税税额)，未抵减完的部分予以退还。

境内的单位和个人提供适用增值税零税率的服务或者无形资产，如果属于适用增值税一般计税方法的，生产企业实行"免、抵、退"税办法，外贸企业直接将服务或自行研发的无形资产出口，视同生产企业连同其出口货物统一实行"免、抵、退"税办法。

【重点提示】境内的单位和个人提供适用增值税零税率应税服务的，可以放弃适用增值税零税率，选择免税或按规定缴纳增值税。放弃适用增值税零税率后，36个月内不得再申请适用增值税零税率。

3.4.1.2 "免、退"税办法

不具有生产能力的出口企业(以下称外贸企业)或其他单位出口货物、劳务，免征增值税，相应的进项税额予以退还。

3.4.2 增值税出口退税率

除财政部和国家税务总局根据国务院决定而明确的增值税出口退税率(简称退税率)外，出口货物、服务和无形资产的退税率为其适用税率。目前我国增值税出口退税率一般分为5档，即13%、10%、9%、6%和零税率。

3.4.3 免抵退税和免退税的计算

3.4.3.1 生产企业出口货物劳务增值税免抵退税的计算

(1)当期应纳税额的计算

当期应纳税额=当期销项税额-(当期进项税额-当期不得免征和抵扣税额)

当期不得免征和抵扣税额=当期出口货物离岸价×外汇人民币折合率×(出口货物适用税率-出口货物退税率)-当期不得免征和抵扣税额

当期不得免征和抵扣税额抵减额=当期免税购进原材料价格×(出口货物适用税率-出口货物退税率)

(2)当期免抵退税额的计算

当期免抵退税额=当期出口货物离岸价×外汇人民币折合率×出口货物退税率-当期免抵退税额抵减额

当期免抵退税额抵减额=当期免税购进原材料价格×出口货物退税率

(3)当期应退税额和免抵税额的计算

①当期期末留抵税额≤当期免抵退税额，则：

当期应退税额=当期期末留抵税额

当期免抵税额=当期免抵退税额-当期应退税额

②当期期末留抵税额>当期免抵退税额，则：

当期应退税额＝当期免抵退税额

当期免抵税额＝0

当期期末留抵税额为当期增值税纳税申报表中"期末留抵税额"。

（4）当期免税购进原材料价格的计算

当期免税购进原材料价格包括当期国内购进的无进项税额且不计提进项税额的免税原材料的价格和当期进料加工保税进口料件的价格，其中当期进料加工保税进口料件的价格为组成计税价格。

3.4.3.2　外贸企业出口货物、劳务和应税行为增值税免退税计算

（1）外贸企业出口委托加工修理修配货物以外的货物

增值税应退税额＝增值税退（免）税计税依据×出口货物退税率

【重点提示】此处计税依据为购进出口货物的增值税专用发票注明的金额或海关进口增值税专用缴款书注明的完税价格。

（2）外贸企业出口委托加工修理修配货物

增值税应退税额＝委托加工修理修配的增值税退（免）税计税依据×出口货物退税率

【重点提示】此处计税依据为加工修理修配费用增值税专用发票注明的金额，外贸企业应将加工修理修配使用的原材料（进料加工海关保税进口料件除外）作价销售给受托加工方，受托加工方应将原材料成本并入加工修理修配费用开具发票。

3.4.4　小规模纳税人出口货物退（免）税政策

根据《财政部　国家税务总局关于出口货物劳务增值税和消费税政策的通知》（财税〔2012〕39 号）规定：小规模纳税人出口的货物适用增值税免税政策。

3.5　增值税纳税申报

3.5.1　纳税义务发生时间

《增值税暂行条例》明确规定了增值税纳税义务发生时间有以下两个方面：①销售货物、劳务、服务、无形资产或不动产，为收讫销售款或者取得索取销售款凭据的当天；先开具发票的，为开具发票的当天。②进口货物，为报关进口的当天。增值税扣缴义务发生时间为纳税人增值税纳税义务发生的当天。

【重点提示】取得索取销售款项凭据的当天，是指书面合同确定的付款日期；未签订书面合同或者书面合同未确定付款日期的，为服务、无形资产转让完成的当天或者不动产权属变更的当天。

3.5.2　纳税期限

增值税的纳税期限规定为 1 日、3 日、5 日、10 日、15 日、1 个月或者 1 个季度。纳税人的具体纳税期限，由主管税务机关根据纳税人应纳税额的大小分别核定。

以 1 个季度为纳税期限的规定适用于小规模纳税人、银行、财务公司、信托投资公

司、信用社，以及财政部和国家税务总局规定的其他纳税人。不能按照固定期限纳税的，可以按次纳税。

按固定期限纳税的小规模纳税人可以选择以 1 个月或 1 个季度为纳税期限，一经选择，1 个会计年度内不得变更。

3.5.3　纳税申报地点

(1)固定业户的纳税地点

①固定业户应当向其机构所在地主管税务机关申报纳税。总机构和分支机构不在同一县(市)的，应当分别向各自所在地主管税务机关申报纳税。

②固定业户到外县(市)销售货物或者劳务的，应当向其机构所在地主管税务机关报告外出经营事项，并向其机构所在地主管税务机关申报纳税。未报告的，应当向销售地或者劳务发生地主管税务机关申报纳税；未向销售地或者劳务发生地主管税务机关申报纳税的，由其机构所在地主管税务机关补征税款。

(2)非固定业户的纳税地点

非固定业户销售货物或者劳务，应当向销售地或者劳务发生地的主管税务机关申报纳税；未向销售地或者劳务发生地主管税务机关申报纳税的，由其机构所在地或居住地的主管税务机关补征税款。

(3)进口货物的纳税地点

进口货物，应当由进口人或其代理人向报关地海关申报纳税。

(4)扣缴义务人的扣税地点

扣缴义务人应当向其机构所在地或者居住地的主管税务机关申报缴纳其扣缴的税款。

3.5.4　纳税申报表的填列

根据《国家税务总局关于增值税消费税与附加税费申报表整合有关事项的公告》，自 2021 年 8 月 1 日起，增值税、消费税分别与城市维护建设税、教育费附加、地方教育附加申报表整合，启用《增值税及附加税费申报表(一般纳税人适用)》《增值税及附加税费申报表(小规模纳税人适用)》《增值税及附加税费预缴表》及其附列资料和《消费税及附加税费申报表》。具体填报见第 5 章城市维护建设费和教育费附加后面实例。

第 **4** 章　　消费税

学习目标

1. 能熟知消费税征税范围及纳税义务人，能够准确判断具体经济活动是否会产生消费税纳税义务。

2. 能够运用比较学习方法，对照学习增值税和消费税，掌握两种最主要流转税的共同点和区别。

3. 能够准确计算纳税义务人应该交纳的消费税，并能熟练进行纳税申报。

英国哲学家 T·霍布斯认为，消费税能够鼓励节俭，节制奢费；随价格附征可以保证税收收入；人人消费，人人纳税，可以革除封建贵族、僧侣阶层的不纳税特权。

4.1　基本知识

4.1.1　概　念

消费税是对我国境内从事生产、委托加工和进口，以及销售特定消费品的单位和个人，就其销售额或销售数量，在特定环节征收的一种税，即对特定的消费品和消费行为征收的一种税。

4.1.2　特　点

(1)征税范围具有选择性

各国目前征收的消费税实际上都属于对特定消费品征收的税种。尽管各国的征税范围宽窄有别，但都是在人们普遍消费的大量消费品或消费行为中有选择地确定若干个征税项目，在税法中列举征税，目前我国消费税税目有 15 个。

(2)征税环节具有单一性

我国消费税一般是在生产(进口)、流通或消费的某一环节一次征收，而不是在消费品生产、流通或消费的每个环节多次征收(卷烟和超豪华小汽车除外)，即通常所说的一次课征制。

(3)征收方法具有多样性

为了适应不同应税消费品的情况，消费税采用从价定率和从量定额的方式灵活征收，如黄酒采用从量定额方式，汽车采用从价定率方式，卷烟则采用既从量又从价的混合计征方式。

（4）税收调节具有特殊性

①不同的征税项目税负差异较大，对需要限制或控制消费的消费品规定较高的税率，体现特殊的调节目的。

②消费税配合增值税实行双重征收，对某些需要特殊调节的消费品或消费行为在征收增值税的同时，再征收消费税，形成对特殊消费品双层次调节的税收调节体系。

（5）税收负担具有转嫁性

消费税为间接税，无论在哪个环节征收，最终都要转嫁到消费者身上，由消费者负担，税负具有转嫁性。

4.2 税制要素

4.2.1 纳税人

（1）纳税人

在中华人民共和国境内生产、委托加工和进口《消费税暂行条例》规定的消费品的单位和个人，以及国务院确定的销售《消费税暂行条例》所规定的消费品的其他单位和个人，为消费税的纳税义务人。

（2）代收代缴义务人

①委托加工的应税消费品，委托方为消费税纳税人，由受托方（受托方为个人除外）在向委托方交货时代收代缴税款。

②跨境电子商务零售进口商品按照货物征收进口环节消费税，购买跨境电子商务零售进口商品的个人作为纳税义务人，电子商务企业、电子商务交易平台企业或物流企业可作为代收代缴义务人。

4.2.2 税 目

征收消费税的消费品大体上可归为 4 类。第一类即过度消费会对身心健康、社会秩序、生态环境等方面造成危害的特殊消费品，如烟、酒、鞭炮、焰火等。第二类即非生活必需品，如高档化妆品、贵重首饰及珠宝玉石等。第三类即高能耗及高档消费品，如摩托车、小汽车、游艇、高档手表和高尔夫球及球具等。第四类即不可再生和替代的稀缺资源消费品，如成品油。具体而言，我国现行消费税税目共有 15 个。

（1）烟

烟指凡是以烟叶为原料加工生产的产品。烟的征收范围包括卷烟、雪茄烟和烟丝。

【重点提示】卷烟包括进口卷烟、白包卷烟、手工卷烟和未经国务院批准纳入计划的企业及个人生产的卷烟。

（2）酒

酒是指酒精度在 1 度以上的各种酒类饮料。酒类包括粮食白酒、薯类白酒、黄酒、啤酒、果啤和其他酒。

（3）高档化妆品

高档化妆品包括高档美容、修饰类化妆品，高档护肤类化妆品和成套化妆品。高档美容、修饰类化妆品和高档护肤类化妆品是指生产(进口)环节销售(完税)价格(不含增值税)在10元/毫升(克)或15元/片(张)及以上的美容、修饰类化妆品和护肤类化妆品。

【重点提示】①舞台、戏剧、影视演员化妆用的上妆油、卸妆油、油彩,不属于本税目的征收范围。②普通护肤护发品不征收消费税。

(4)贵重首饰及珠宝玉石

它是指各种金银珠宝首饰和经采掘、打磨、加工的各种珠宝玉石。对宝石坯应按规定征收消费税。

(5)鞭炮、焰火

鞭炮、焰火的征收范围包括各种鞭炮、焰火。

(6)成品油

成品油包括汽油、柴油、航空煤油、石脑油、溶剂油、润滑油、燃料油7个子税目。

【重点提示】①原油不征收消费税。②用原油或其他原料加工生产的用于内燃机、机械加工过程的润滑产品均属于润滑油征税范围。润滑脂是润滑产品,生产、加工润滑脂应当征收消费。

(7)摩托车

摩托车的征收范围包括气缸容量250毫升和250毫升(不含)以上的摩托车。

【重点提示】自2014年12月1日起,气缸容量250毫升(不含)以下的小排量摩托车不征收消费税。

(8)小汽车

小汽车是指由动力驱动,具有4个或4个以上车轮的非轨道承载的车辆。电动车、沙滩车、雪地车、卡丁车、高尔夫车不属于消费税征税范围,不征收消费税。自2016年12月1日起,"小汽车"税目下增设"超豪华小汽车"子税目。征收范围为每辆零售价格130万元(不含增值税)及以上的乘用车和中轻型商用客车,即乘用车和中轻型商用客车子税目中的超豪华小汽车。

【重点提示】"小汽车"税目不包括大型商用客车、大货车、大卡车。

(9)高尔夫球及球具

它包括高尔夫球、高尔夫球杆、高尔夫球包(袋)。高尔夫球杆的杆头、杆身和握把。

(10)高档手表

高档手表是指销售价格(不含增值税)每只10 000元(含)以上的各类手表。

(11)游艇

它包括艇身长度大于8米(含)小于90米(含),内置发动机,可以在水上移动,一般为私人或团体购置,主要用于水上运动和休闲娱乐等非营利活动的各类机动艇。

(12)木制一次性筷子

包括各种规格的木制一次性筷子,未经打磨、倒角的木制一次性筷子也在此征税范围内。

(13)实木地板

它包括各类规格的实木地板、实木指接地板、实木复合地板及用于装饰墙壁、天棚的侧端面为桦、槽的实木装饰板,未经涂饰的素板也在此征税范围。

(14)电池

它包括原电池、蓄电池、燃料电池、太阳能电池和其他电池。

【**重点提示**】自 2015 年 2 月 1 日起，对无汞原电池、金属氢化物镍蓄电池（又称"氢镍蓄电池"或"镍氢蓄电池"）、锂原电池、锂离子蓄电池、太阳能电池、燃料电池和全钒液流电池免征消费税。

（15）涂料

涂料由主要成膜物质、次要成膜物质等构成。

【**重点提示**】对施工状态下挥发性有机物（Volatile Organic Compounds，VOC）含量低于 420 克/升（含）的涂料免征消费税。

4.2.3　税　率

消费税的税率有两种形式：一种是比例税率；另一种是定额税率。

4.3　消费税的计算

4.3.1　消费税的计税依据

4.3.1.1　从价定率计征

实行从价定率办法征税的，消费税应纳税额等于应税消费品的销售额乘以适用的比例税率。应纳税额的大小取决于销售额和比例税率两个因素。

（1）销售额的确定

销售额为纳税人销售应税消费品向购买方收取的全部价款和价外费用。

（2）含税销售额的换算

销售额不包括应向购买方收取的增值税税款。如果纳税人应税消费品的销售额中未扣除增值税税款或者因不得开具增值税专用发票而发生价款和增值税税款合并收取的，在计算消费税时，应当换算为不含增值税税款的销售额。其换算公式如下：

$$应税消费品的销售额＝含增值税的销售额/（1＋增值税税率或征收率）$$

（3）包装物销售收入及押金收入

①包装物销售收入。实行从价定率办法计算应纳税额的应税消费品连同包装物销售的，无论包装物是否单独计价，也不论在会计上如何核算，均应并入应税消费品的销售额中征收消费税。

②包装物押金收入。如果包装物不作价随同产品销售，而是收取押金，此项押金收取时不并入应税消费品销售额中征税。但对逾期未收回的包装物不再退还的或者已收取的时间超过 12 个月的押金，应并入应税消费品的销售额，按照应税消费品的适用税率征收消费税。

【**重点提示**】酒类产品生产企业销售啤酒、黄酒以外的其他酒类产品而收取的包装物押金，无论押金是否返还及会计上如何核算，均应并入酒类产品销售额中征收消费税。

4.3.1.2　从量定额计征

实行从量定额办法征税的，消费税应纳税额等于销售数量乘以定额税率，应纳税额的大小取决于销售数量和定额税率两个因素。

(1)销售数量的确定

销售数量是指应税消费品的数量，具体为：

①销售应税消费品的，为应税消费品的销售数量。

②自产自用应税消费品的，为应税消费品的移送使用数量。

③委托加工应税消费品的，为纳税人收回的应税消费品数量。

④进口应税消费品的，为海关核定的应税消费品进口征税数量。

(2)从量定额的换算标准

实行从量定额办法计算应纳税额的应税消费品，计量单位的换算标准如下：

$$
\begin{array}{ll}
\text{黄酒 1 吨} = 962 \text{ 升} & \text{石脑油 1 吨} = 1385 \text{ 升} \\
\text{啤酒 1 吨} = 988 \text{ 升} & \text{溶剂油 1 吨} = 1282 \text{ 升} \\
\text{汽油 1 吨} = 1388 \text{ 升} & \text{润滑油 1 吨} = 1126 \text{ 升} \\
\text{柴油 1 吨} = 1176 \text{ 升} & \text{燃料油 1 吨} = 1015 \text{ 升} \\
& \text{航空煤油 1 吨} = 1246 \text{ 升}
\end{array}
$$

4.3.1.3 计税依据的特殊规定

(1)卷烟最低计税价格的核定

生产企业在生产环节销售的所有牌号、规格的卷烟，由国家税务总局核定最低计税价格，已经国家税务总局核定计税价格的卷烟，生产企业实际销售价格高于计税价格的，按实际销售价格确定适用税率，计算应纳税款并申报纳税；实际销售价格低于计税价格的，按计税价格确定适用税率，计算应纳税款并申报纳税。未经国家税务总局核定计税价格的新牌号、新规格卷烟，生产企业应按卷烟调拨价格申报纳税。

(2)白酒最低计税价格的核定

①白酒生产企业销售给销售单位的白酒，生产企业消费税计税价格为销售单位对外销售价格70%以上(含70%)的，税务机关暂不核定消费税最低计税价格；生产企业消费税计税价格为销售单位对外销售价格70%以下的，消费税最低计税价格由税务机关核定，核定比例统一确定为60%。纳税人应按下列公式计算白酒消费税计税价格：

当月该品牌、规格白酒消费税计税价格=该品牌、规格白酒销售单位上月平均销售价格×核定比例

②已核定最低计税价格的白酒，销售单位对外销售价格持续上涨或下降时间达到 3 个月以上、累计上涨或下降幅度在20%(含)以上的白酒，税务机关重新核定最低计税价格。

③已核定最低计税价格的白酒，生产企业实际销售价格高于消费税最低计税价格的，按实际销售价格申报纳税；实际销售价格低于消费税最低计税价格的，按最低计税价格申报纳税。

白酒生产企业未按规定上报销售单位销售价格的，主管税务局应按照销售单位销售价格征收消费税。

4.3.2 直接对外销售应税消费品应纳消费税的计算

(1)从价定率计算方法

基本计算公式为：应纳税额=销售额×比例税率

【案例指导4-1】某化妆品厂为增值税一般纳税人，4月生产销售规格为150毫升的A款化妆品3000件，取得不含税销售收入540万元；生产销售规格为100毫升的B款化妆品500套，取得不含税销售收入48万元；销售梳子和镜子共取得不含税销售收入5万元。假定该化妆品厂无其他应税销售业务。请计算该化妆品厂4月应缴纳的消费税税额（高档化妆品消费税税率为20%）。

【案例解析】

①A款化妆品每毫升不含税价为：5 400 000/(150×3000)=12元/毫升为高档化妆品，需交纳消费税。②B款化妆品每毫升不含税价为：480 000/(100×500)=9.6元/毫升非高档化妆品，不需交纳消费税。③梳子和镜子不需交纳消费税。

该化妆品厂4月应缴纳消费税=540×20%=108（万元）

（2）从量定额计算方法

基本计算公式为：应纳税额=销售数量×定额税率

（3）复合计税计算方法

卷烟、白酒采用复合计算方法。其基本计算公式为：

应纳税额=销售额×比例税率+销售数量×定额税率

4.3.3 自产自用应税消费品应纳税额的计算

4.3.3.1 用于连续生产应税消费品的规定

纳税人自产自用的应税消费品，用于连续生产应税消费品的，不纳税。"用于连续生产应税消费品"是指纳税人将自产自用的应税消费品作为直接材料生产最终应税消费品。如卷烟厂生产的烟丝，如果直接对外销售，应缴纳消费税。但如果烟丝用于本厂连续生产卷烟，用于连续生产卷烟的烟丝就不缴纳消费税，只对生产销售的卷烟征收消费税。

4.3.3.2 用于其他方面的规定

"用于其他方面"是指纳税人将自产自用应税消费品用于生产非应税消费品、在建工程、管理部门、非生产机构、提供劳务、馈赠、赞助、集资、广告、样品、职工福利、奖励等方面。

纳税人把自产应税消费品用于本企业基本建设、专项工程、生活福利设施等其他方面，从形式上看，并没有取得销售收入，但却要视同对外销售，计征消费税。

4.3.3.3 自产自用应税消费品的计税依据和应纳税额计算

纳税人自产自用的应税消费品，计税依据和应纳税额计算具体分为两种情况。

（1）有同类消费品销售价格的按照纳税人生产的同类消费品销售价格计算纳税

同类消费品销售价格是指纳税人当月销售的同类消费品的销售价格，如果当月同类消费品各期销售价格高低不同，应按销售数量加权平均计算。但销售的应税消费品有下列情况之一的，不得列入加权平均计算：

①销售价格明显偏低又无正当理由的。

②无销售价格的。

如果当月无销售或者当月未完结，应按照同类消费品上月或最近月份的销售价格计算纳税。

（2）没有同类消费品销售价格的应按组成计税价格计算缴纳消费税

①实行从价定率办法征税的计税依据和应纳税额计算

实行从价定率办法征税的计税依据为组成计税价格，组成计税价格的计算公式如下：

$$组成计税价格=（成本+利润）/（1-消费税比例税率）$$
$$=[成本×（1+成本利润率）]/（1-消费税比例税率）$$
$$应纳税额=组成计税价格×适用税率$$

②实行从量定额办法征税的计税依据和应纳税额计算

实行从量定额办法征税的计税依据为自产自用数量，应纳税额的计算公式如下：

$$应纳税额=自产自用数量×定额税率$$

③实行复合计税办法征税的计税依据和应纳税额的计算

实行复合计税办法征税的计税依据分别为组成计税价格和自产自用数量，组成计税价格的计算公式如下：

$$组成计税价格=（成本+利润+自产自用数量×定额税率）/（1-消费税比例税率）$$
$$应纳税额=组成计税价格×比例税率+自产自用数量×定额税率$$

上述公式中的"成本"是指应税消费品的生产成本；"利润"是指根据应税消费品的全国平均成本利润率计算的利润。应税消费品的全国平均成本利润率由国家税务总局确定（表4-1）。

表4-1　消费税税率表及对应全国平均成本利润率表

税目	税率	平均成本利润率
一、烟		
1. 卷烟		
工业		
（1）甲类卷烟	56%加0.003元/支	10%
（2）乙类卷烟	56%加0.003元/支	5%
商业批发	11%加0.005元/支（批发环节征收）	
2. 雪茄烟	36%	5%
3. 烟丝	30%	5%
二、酒		
1. 白酒	20%加0.5元/500克（或者500毫升）	粮食白酒10% 薯类白酒5%
2. 黄酒	240元/吨	
3. 啤酒		
（1）甲类啤酒	250元/吨	
（2）乙类啤酒	220元/吨	
4. 其他酒	10%	5%
三、高档化妆品	15%	5%

（续）

税目	税率	平均成本利润率
四、贵重首饰及珠宝玉石		6%
1. 金银首饰、铂金首饰和钻石及钻石饰品	5%（零售环节征收）	
2. 其他贵重首饰和珠宝玉石	10%	
五、鞭炮、焰火	15%	5%
六、成品油		
1. 汽油	1.52元/升	
2. 柴油	1.20元/升	
3. 航空煤油（暂缓征收）	1.20元/升	
4. 石脑油	1.52元/升	
5. 溶剂油	1.52元/升	
6. 润滑油	1.52元/升	
7. 燃料油	1.20元/升	
七、摩托车		6%
1. 气缸容量（排气量，下同）为250毫升的	3%	
2. 气缸容量在250毫升以上的	10%	
八、小汽车		
1. 乘用车		8%
（1）气缸容量（排气量，下同）在1.0升（含1.0升）以下的	1%	
（2）气缸容量在1.0升以上至1.5升（含1.5升）的	3%	
（3）气缸容量在1.5升以上至2.0升（含2.0升）的	5%	
（4）气缸容量在2.0升以上至2.5升（含2.5升）的	9%	
（5）气缸容量在2.5升以上至3.0升（含3.0升）的	12%	
（6）气缸容量在3.0升以上至4.0升（含4.0升）的	25%	
（7）气缸容量在4.0升以上的	40%	
2. 中轻型商用客车	5%	5%
3. 超豪华小汽车	生产环节同乘用车和中轻型商用客车，零售环节按10%	
九、高尔夫球及球具	10%	10%
十、高档手表	20%	20%
十一、游艇	10%	10%
十二、木制一次性筷子	5%	5%
十三、实木地板	5%	5%
十四、电池	4%	4%
十五、涂料	4%	7%

4.3.4　委托加工应税消费品应纳税额的计算

4.3.4.1　委托加工应税消费品的确定

委托加工的应税消费品是指由委托方提供原料和主要材料，受托方只收取加工费和代垫部分辅助材料加工的应税消费品。对于由受托方提供原材料生产的应税消费品，或者受托方先将原材料卖给委托方，然后再接受加工的应税消费品，以及由受托方以委托方名义购进原材料生产的应税消费品，不论纳税人在财务上是否作销售处理，都不得作为委托加工应税消费品，而应当按照销售自制应税消费品缴纳消费税。

4.3.4.2　代收代缴税款规定

①委托加工应税消费品，委托方为消费税纳税人，受托方是代收代缴义务人。委托加工的应税消费品，除受托方为个人外，由受托方在向委托方交货时代收代缴消费税。纳税人委托个人（含个体工商户）加工应税消费品，于委托方收回后在委托方所在地缴纳消费税。

②委托加工应税消费品，受托方在交货时已代收代缴消费税，委托方收回后直接销售的，不再征收消费税。直接销售是指委托方以不高于受托方的计税价格出售。当委托方以高于受托方的计税价格出售时，需按照规定申报缴纳消费税，在计税时准予扣除受托方已代收代缴的消费税。

4.3.4.3　组成计税价格及应纳税额的计算

①受托方有同类消费品销售价格的，按照受托方当月销售的同类消费品的加权平均销售价格计算纳税，如果当月无销售或者当月未完结，应按照同类消费品上月或者最近月份的加权平均销售价格计算纳税。

【重点提示】销售价格明显偏低并无正当理由的不能计入加权平均销售价格。

a. 从价定率计税办法的计算公式：

$$应代收代缴税额 = 同类消费品销售额 \times 比例税率$$

b. 复合计税办法的计算公式：

$$应代收代缴税额 = 同类消费品销售额 \times 比例税率 + 委托加工数量 \times 定额税率$$

②受托方没有同类消费品销售价格的，按组成计税价格计税。

a. 从价定率计税办法计算纳税的组成计税价格及应纳税额计算公式：

$$组成计税价格 = (材料成本 + 加工费)/(1 - 比例税率)$$

$$应代收代缴税额 = 组成计税价格 \times 比例税率$$

b. 复合计税办法计算纳税的组成计税价格及应纳税额计算公式：

$$组成计税价格 = (材料成本 + 加工费 + 委托加工数量 \times 定额税率)/(1 - 比例税率)$$

$$应代收代缴税额 = 组成计税价格 \times 比例税率 + 委托加工数量 \times 定额税率$$

4.3.5　已纳消费税扣除的计算

4.3.5.1　外购应税消费品生产加工成另一种应税消费品的税款扣除

（1）实行从价定率办法计算已纳税额的

当期准予扣除的外购应税消费品已纳税款 = 当期准予扣除的外购应税消费品买价×外

购应税消费品适用税率

当期准予扣除的外购应税消费品买价＝期初库存的外购应税消费品买价＋当期购进的外购应税消费品买价−期末库存的外购应税消费品买价

（2）实行从量定额办法计算已纳税额的

当期准予扣除的外购应税消费品已纳税款＝当期准予扣除的外购应税消费品数量×外购应税消费品单位税额

当期准予扣除的外购应税消费品数量＝期初库存的外购应税消费品数量＋当期购进的外购应税消费品数量−期末库存的外购应税消费品数量

【重点提示】①扣除范围：外购已税烟丝生产的卷烟；外购已税高档化妆品生产的高档化妆品；外购已税珠宝玉石生产的贵重首饰及珠宝玉石；外购已税鞭炮、焰火生产的鞭炮、焰火；外购已税汽油、柴油、石脑油、燃料油、润滑油为原料生产的应税成品油；外购已税杆头、杆身和握把为原料生产的高尔夫球杆；外购已税木制一次性筷子为原料生产的木制一次性筷子；外购已税实木地板为原料生产的实木地板；外购葡萄酒连续生产应税葡萄酒；啤酒生产集团内部企业间用啤酒液连续灌装生产的啤酒。②纳税人用外购的已税珠宝玉石生产的，改在零售环节征收消费税的金银首饰（镶嵌首饰）、钻石首饰，在计税时，一律不得扣除外购珠宝玉石的已纳税款。

4.3.5.2 外购应税消费品用于直接销售的已纳税款扣除

①对既有自产应税消费品，同时又购进与自产应税消费品同样的应税消费品进行销售的工业企业，对其销售的外购应税消费品应当征收消费税，同时可以扣除外购应税消费品的已纳税款。

【重点提示】上述允许扣除已纳税款的外购应税消费品仅限于烟丝，高档化妆品，珠宝玉石，鞭炮、焰火和摩托车。

②对自己不生产应税消费品，而只是购进后再销售应税消费品的工业企业，其销售的高档化妆品，鞭炮、焰火和珠宝玉石，凡不能构成最终消费品直接进入消费品市场，而需进一步生产加工的（如需进行深加工、包装、贴标、组合的珠宝玉石，高档化妆品，鞭炮、焰火等），应当征收消费税，同时允许扣除上述外购应税消费品的已纳税款。

【案例指导4-2】A卷烟生产企业3月初库存外购烟丝不含增值税买价150万元，本月从某烟丝厂购进烟丝不含税购进金额为200万元，月末库存烟丝金额50万元，其余由企业领用生产卷烟。请计算A卷烟厂本月准予扣除的外购烟丝已缴纳的消费税税额。

【案例解析】

（1）当期准予扣除外购烟丝的买价＝150+200−50＝300（万元）

（2）A卷烟厂本月准予扣除的外账烟丝已缴纳的消费税税额＝300×30%＝90（万元）

4.3.5.3 委托加工收回应税消费品准予扣除已纳税款的计算

委托加工收回应税消费品再连续生产应税消费品的，准予从应纳消费税税额中按当期生产领用数量计算扣除其已纳消费税税款。计算公式如下：

当期准予扣除的委托加工应税消费品已纳税款＝期初库存的委托加工应税消费品已纳税款＋当期收回的委托加工应税消费品已纳税款−期末库存的委托加工应税消费品已

纳税款

【**案例指导 4-3**】甲企业委托乙企业加工一批烟丝，甲企业提供原材料成本 20 万元，支付乙企业加工费 3 万元，乙企业按照本企业同类烟丝价格 36 万元代收代缴甲企业消费税 10.8 万元，甲企业将委托加工收回的烟丝 10% 按照 3.6 万元平价销售给职工；25% 以 12 万元的价格销售给丙卷烟厂。计算该企业收回烟丝后的上述行为应缴纳的消费税。（上述价格均不含增值税）。

【**案例解析**】需要计算缴纳消费税 = 12×30%－36×25%×30% = 3.6－2.7 = 0.9（万元）。

4.4   进口环节应纳消费税的计算

4.4.1   实行从价定率办法应纳税额的计算

组成计税价格的计算公式：

$$组成计税价格 =（关税完税价格+关税）/（1-消费税比例税率）$$
$$应纳税额 = 组成计税价格×消费税比例税率$$

公式中"关税完税价格"是指海关核定的关税计税价格。

4.4.2   实行从量定额办法应纳税额的计算

$$应纳税额 = 应税消费品数量×消费税定额税率$$

公式中"应税消费品数量"是指海关核定的应税消费品进口征税数量。

4.4.3   实行复合计税办法应纳税额的计算

组成计税价格的计算公式：

$$组成计税价格 =（关税完税价格+关税+进口数量×消费税定额税率）/（1-消费税比例税率）$$
$$应纳消费税税额 = 组成计税价格×消费税比例税率+消费税定额税$$

其中：

$$消费税定额税 = 海关核定的进口应税消费品数量×消费税定额税率$$

4.5   消费税纳税申报

4.5.1   纳税义务的发生时间

①纳税人销售应税消费品的，按不同的销售结算方式，其纳税义务发生时间如下。

a. 采取赊销和分期收款结算方式的，为书面合同约定的收款日期的当天；书面合同没有约定收款日期或者无书面合同的，为发出应税消费品的当天；

b. 采取预收货款结算方式的，为发出应税消费品的当天；

c. 采取托收承付和委托银行收款方式的，为发出应税消费品并办妥托收手续的当天；

d. 采取其他结算方式的，为收讫销售款或者取得索取销售款凭据的当天。

②纳税人自产自用应税消费品的，为移送使用的当天。

③纳税人委托加工应税消费品的，为纳税人提货的当天。

④纳税人进口应税消费品的，为报关进口的当天。

4.5.2 纳税环节

消费税的纳税环节主要有生产环节、委托加工环节、进口环节、批发环节（仅适用于卷烟）、零售环节（仅适用于超豪华小汽车、金银首饰等）。

4.5.2.1 消费税的基本纳税环节

①纳税人生产的应税消费品于纳税人销售时纳税。

【重点提示】这里的销售主要是指出厂环节的销售。

②纳税人自产自用的应税消费品，用于连续生产应税消费品的，不纳税；用于其他方面的，于移送使用时纳税。

③委托加工的应税消费品，除受托方为个人外，由受托方在向委托方交货时代收代缴税款。

④进口的应税消费品于报关进口时纳税。

【重点提示】进口环节缴纳的消费税由海关代征。

4.5.2.2 金银首饰的纳税环节

金银首饰、铂金首饰、钻石及钻石饰品在零售环节征收消费税，金银首饰仅限于金基、银基合金首饰以及金、银和金基、银基合金的镶嵌首饰。

【重点提示】在零售环节征收消费税的金银首饰不包括镀金首饰和包金首饰。

4.5.2.3 卷烟的纳税环节

卷烟消费税在生产和批发两个环节征收。卷烟在批发环节按税率11%加征从价税，并按0.005元/支加征从量税。纳税人兼营卷烟批发和零售业务的，应当分别核算批发和零售环节的销售额、销售数量；未分别核算批发和零售环节销售额、销售数量的，按照全部销售额、销售数量计征批发环节消费税。

4.5.2.4 "小汽车"税目下"超豪华小汽车"子税目的纳税环节

对超豪华小汽车，在生产（进口）环节按乘用车和中轻型商用客车标准，在零售环节按10%征收消费税。

4.5.3 纳税地点

①纳税人销售应税消费品及自产自用应税消费品，除国家另有规定外，应当向纳税人机构所在地或居住地的主管税务机关申报纳税。

②纳税人到外县（市）销售或者委托外县（市）代销自产应税消费品的，于应税消费品销售后，向机构所在地或者居住地主管税务机关申报纳税。

③纳税人的总机构与分支机构不在同一县（市）的，应当分别向各自机构所在地的主管税务机关申报纳税；经财政部、国家税务总局或者其授权的财政、税务机关批准，可以由总机构汇总向总机构所在地的主管税务机关申报纳税。

卷烟批发企业的纳税地点比较特殊，总机构与分支机构不在同一地区的，由总机构申报纳税。

④委托加工的应税消费品，除受托方为个人外，由受托方向所在地或者居住地的主管税务机关解缴消费税税款。

委托个人加工的应税消费品，由委托方向其机构所在地或者居住地主管税务机关申报纳税。

⑤进口的应税消费品，由进口人或者其代理人向报关地海关申报纳税。

⑥出口的应税消费品办理退税后，发生退关或者国外退货进口时予以免税的，报关出口者必须及时向其机构所在地或者居住地主管税务机关申报补缴已退的消费税税款。

⑦纳税人销售应税消费品，如果因质量等原因由购买者退回，经机构所在地或者居住地主管税务机关审核批准后，可退还已缴纳的消费税税款。

4.5.4　纳税期限

消费税的纳税期限分别为 1 日、3 日、5 日、10 日、15 日、1 个月或者 1 个季度。不能按照固定期限纳税的，可以按次纳税。

纳税人以 1 个月或者 1 个季度为一期纳税的，自期满之日起 15 日内申报纳税；以 1 日、3 日、5 日、10 日或者 15 日为一期纳税的，自期满之日起 5 日内预缴税款，于次月 1 日至 15 日内申报纳税并结清上月应纳税款。

纳税人进口应税消费品，应当自海关填发海关进口消费税专用缴款书之日起 15 日内缴纳税款。

4.5.5　纳税申报

纳税人对消费税进行纳税申报时，应当填报"本期准予扣除税额计算表①"（略）、"本期准予扣除税额计算表（成品油消费税纳税人适用）②"（略）、"本期减（免）税额明细表"（略）、"本期委托加工收回情况报告表"（略）、"卷烟批发企业月份销售明细清单（卷烟批发环节消费税纳税人适用）③"（略）、"卷烟生产企业合作生产卷烟消费税情况报告表（卷烟生产环节消费税纳税人适用）④"（略）、"消费税附加税费计算表"（详见第 5 章表 5-6）、"消费税及附加税费申报表"（详见第 5 章表 5-7）。

第5章 城市维护建设税和教育费附加

✍ 学习目标

1. 能根据相关业务资料准确计算城市维护建设税、教育费附加和地方教育附加。
2. 能准确进行纳税申报。

5.1 城市维护建设税

5.1.1 定　义

城市维护建设税是对从事工商经营，缴纳增值税、消费税的单位和个人征收的一种附加税。

5.1.2 纳税义务人

5.1.2.1 城市维护建设税的纳税人

在中华人民共和国境内缴纳增值税、消费税的单位和个人，为城市维护建设税的纳税人，应当依照规定缴纳城市维护建设税。

【重点提示】征收城市维护建设税的主要目的是筹集城镇设施建设和维护资金。

5.1.2.2 城市维护建设税的扣缴义务人

城市维护建设税的扣缴义务人为负有增值税、消费税扣缴义务的单位和个人，在扣缴增值税、消费税的同时扣缴城市维护建设税。

5.1.3 征税对象

城市维护建设税以纳税人依法实际缴纳的增值税、消费税税额为计税依据，随增值税、消费税同时征收。

【重点提示】对进口货物或者境外单位和个人向境内销售劳务、服务、无形资产缴纳的增值税、消费税税额，不征收城市维护建设税。

5.1.4 税　率

城市维护建设税按纳税人所在地不同，设置了三档地区差别比例税率，见表5-1所列。

表 5-1　城市维护建设税税率表

纳税人所在地	税率(%)
市区	7
县城、镇	5
市区、县城、镇以外的其他地区	1

上述所称"纳税人所在地"，是指纳税人住所地或者与纳税人生产经营活动相关的其他地点，具体地点由省、自治区、直辖市确定。

【重点提示】开采海洋石油资源的中外合作油(气)田所在地在海上，其城市维护建设税适用 1% 的税率。

5.1.5　计税依据

城市维护建设税的计税依据是指纳税人依法实际缴纳的增值税、消费税税额。如果要免征或者减征增值税、消费税，也要同时免征或者减征城市维护建设税。

【重点提示】对出口产品退还增值税、消费税的，不退还已缴纳的城市维护建设税。

5.1.6　税收优惠政策

城市维护建设税原则上不单独规定减免税，但对一些特殊情况给予税收优惠政策。

①对黄金交易所会员单位通过黄金交易所销售且发生实物交割的标准黄金，免征城市维护建设税。

②对上海期货交易所会员和客户通过上海期货交易所销售且发生实物交割并已出库的标准黄金，免征城市维护建设税。

③对国家重大水利工程建设基金免征城市维护建设税。

④自 2019 年 1 月 1 日至 2027 年 12 月 31 日，实施扶持自主就业退役士兵创业就业城市维护建设税减免。

⑤自 2019 年 1 月 1 日至 2027 年 12 月 31 日，实施支持和促进重点群体创业就业城市维护建设税减免。

⑥经中国人民银行依法决定撤销的金融机构及其分设于各地的分支机构(包括被依法撤销的商业银行、信托投资公司、财务公司、金融租赁公司、城市信用社和农村信用社)，用其财产清偿债务时，免征被撤销金融机构转让货物、不动产、无形资产、有价证券、票据等应缴纳的城市维护建设税。

⑦自 2022 年 1 月 1 日至 2027 年 12 月 31 日，对增值税小规模纳税人、小型微利企业和个体工商户减半征收城市维护建设税。

5.1.7　应纳税额的计算

应纳税额=(纳税人实际缴纳的增值税、消费税税额)×适用税率

5.1.8　纳税申报

(1)纳税环节

纳税人只要发生增值税、消费税的纳税义务，就要在同样的环节，分别计算缴纳城市

维护建设税。

（2）纳税地点

一般而言，纳税人缴纳增值税、消费税的地点，就是该纳税人缴纳城市维护建设税的地点。

（3）纳税义务发生时间和纳税期限

城市维护建设税的纳税义务发生时间与增值税、消费税的纳税义务发生时间一致，分别与增值税、消费税同时缴纳，其纳税期限分别与增值税、消费税的纳税期限一致。

5.2 教育费附加和地方教育附加

5.2.1 定 义

教育费附加和地方教育附加是对缴纳增值税、消费税的单位和个人，就其实际缴纳的税额为计算依据征收的一种附加费。

5.2.2 征收范围及计征依据

教育费附加和地方教育附加对缴纳增值税、消费税的单位和个人征收，以其实际缴纳的增值税、消费税税款为计征依据，分别与增值税、消费税同时缴纳。

5.2.3 计征比率

现行教育费附加征收比率为3%，地方教育附加征收率统一为2%。

5.2.4 应纳额的计算

应纳教育费附加或地方教育附加 =（实际缴纳的增值税、消费税）×征收比率（3%或2%）

5.2.5 减免规定

①对海关进口的产品征收的增值税、消费税，不征收教育费附加。

②对由于减免增值税、消费税而发生退税的，可同时退还已征收的教育费附加。但对出口产品退还增值税、消费税的，不退还已征的教育费附加。

③对国家重大水利工程建设基金免征教育费附加。

④按月纳税的月销售额或营业额不超过10万元（按季度纳税的季度销售额或营业额不超过30万元）的缴纳义务人，免征教育费附加、地方教育附加。

5.2.6 纳税申报

教育费附加和地方教育附加的缴费时间、缴费地点、缴费期限比照增值税、消费税的相应规定，分别与增值税、消费税同时缴纳。

5.3 纳税申报实例

根据《国家税务总局关于增值税消费税与附加税费申报表整合有关事项的公告》（国家税务总局公告〔2021〕20 号），自 2021 年 8 月 1 日起，增值税、消费税分别与城市维护建设税、教育费附加、地方教育附加申报表整合，启用《增值税及附加税费申报表（一般纳税人适用）》《增值税及附加税费申报表（小规模纳税人适用）》《增值税及附加税费预缴表》及其附列资料和《消费税及附加税费申报表》。

本部分以湖南省昌平酒业股份有限公司为例，展示一般纳税人企业增值税、消费税及附加税费纳税申报全过程。模拟业务发生时间为 20×× 年 3 月，该公司地点在长沙市，企业增值税和消费税纳税期限均为 1 个月，该公司购入农产品的进项税额适用凭票扣除法，当月购入的农产品当月领用，该公司不适用试点建设培育产教融合型企业抵免政策，公司即征即退类型为"一般"抵扣，认证月份为当月。长沙市的地方教育附加征收率为 2%，2 月应纳增值税额 168 686.24 元，应纳消费税 245 600 元，于 3 月 13 日完成缴纳。该公司采购与销售业务做如下说明：当月生产昌平白酒（30 度）6000 箱、昌平白酒（40 度）11 000 箱、昌平白酒（50 度）8000 箱、昌平普通啤酒 10 000 箱、昌平扎啤 350 吨、昌平纯生啤酒 12 000 箱、昌平保健酒 3800 箱、昌平米酒 15 000 箱、昌平料酒 3000 箱。3 月发生如下业务：

5.3.1 采购业务

①8 日，向湖南省大运农产品贸易公司分别购进小麦 100 吨、高粱 80 吨、稻谷 100 吨，不含税单价分别为 2200.00 元/吨、2000.00 元/吨、2300.00 元/吨，税率为 9%；货已收到，验收入库；取得增值税专用发票。

②12 日，向湖南省好运来玻璃厂购进玻璃酒瓶 100 000 支，不含税单价为 0.40 元/支；税率为 13%；支付全部货款，取得增值税普通发票。

③18 日，同湖南省长沙市芙蓉区自来水公司结算自来水费，数量为 110 000 吨，不含税单价为 1.50 元/吨，税率为 9%；取得增值税专用发票。

④24 日，同湖南省长沙市芙蓉区供电公司结算电费，数量为 88 000 度，不含税单价为 1.60 元/度，税率为 13%；取得增值税专用发票。

⑤25 日，从湖南省菁云贸易公司购进啤酒花 500 吨，不含税单价为 5600 元/吨；购进玻璃酒瓶 220 000 支，不含税单价为 0.40 元/支；购进包装纸箱 L-1101、M-1102、X-1103 分别为 40 000 个、30 000 个、20 000 个，不含税单价分别为 1.25 元/个、1.45 元/个、1.65 元/个；购进酿酒机一台，不含税单价为 80 000.00 元。啤酒花税率为 9%，其他税率均为 13%，取得增值税专用发票。

⑥26 日，采用以物易物方式，用价值 430 000.00 元（不含税）的昌平白酒（40 度）交换湖南省长沙市新兴贸易公司价值 525 000.00 元（不含税）的小麦 250 吨，并补齐差价，税率为 9%，取得增值税专用发票。

⑦27 日，向农民张兴发直接收购稻谷 28 吨，收购价款为 61 600.00 元，开具农产品收购统一发票。

5.3.2　货物运输业务

①25 日，向湖南省长沙市鸿运货运公司支付当月运费 55 000.00 元(不含税)，取得增值税专用发票一张，增值税税率9%。

②25 日，向湖南省长沙市中辉货运公司支付当月运费 61 000.00 元(不含税)，取得增值税专用发票一张，增值税税率9%。

5.3.3　销售业务

①4 日，销售给湖南省长沙市致远烟酒总公司昌平白酒(30 度)800 箱；昌平白酒(40度)150 箱；昌平白酒(50 度)180 箱；昌平保健酒 2000 箱；昌平料酒 80 箱；昌平米酒 795箱；昌平普通啤酒 590 箱；昌平扎啤 15 吨。开具增值税专用发票一张，发票(凭证)代码为4300161130，发票(凭证)号码为 01003400。

②5 日，向湖南省农业博览会组委会捐赠昌平白酒(30 度)40 箱、昌平白酒(40 度)30箱、昌平白酒(50 度)30 箱、昌平保健酒 20 箱，开具防伪税控增值税普通发票一张，发票(凭证)代码为 430161567，发票(凭证)号码为 01002500。

③10 日，分期收款销售给湖南省长沙市申发贸易公司昌平料酒 200 箱；昌平纯生啤酒2280 箱；昌平保健酒 160 箱；昌平白酒(30 度)200 箱；昌平白酒(40 度)1600 箱；昌平白酒(50 度)600 箱；昌平扎啤 32 吨；昌平普通啤酒 500 箱。按合同规定本次收取 50%的款项，开具增值税专用发票一张发票(凭证)，发票代码为 4300161130，发票(凭证)号码为 01003401。

④15 日，销售给湖南省长沙市光华酒业有限公司一台使用过的旧制酒蒸馏专用设备，取得全部销售款 8 万元，该设备购入时不能抵扣增值税进项税额，适用3%减按2%征收政策。开具防伪税控增值税普通发票一张，发票(凭证)代码为 430161567，发票(凭证)号码为 01002501。

⑤24 日，采用以物易物方式，用价值 43 000.00 元(不含税)的昌平白酒(40 度)100 箱交换湖南省长沙市新兴贸易公司价值 52 500.00 元的小麦 25 吨，补齐差价并开具增值税专用发票一张，发票代码为 4300161130，发票(凭证)号码为 01003402。

⑥25 日，收到湖南省郴州市昌平贸易公司的代销清单，销售昌平白酒(50 度)300 箱；昌平保健酒 100 箱；昌平料酒 100 箱；昌平米酒 600 箱。开具增值税专用发票一张，发票代码为 4300161130，发票(凭证)号码为 01003403。

⑦26 日，销售给湖南省长沙市农旺超市昌平白酒(30 度)10 箱；昌平白酒(40 度)8箱；昌平保健酒 30 箱；昌平礼包 50 套。开具防伪税控增值税普通发票一张，发票(凭证)代码为 430161567，发票(凭证)号码为 01002502。

⑧27 日，湖南省长沙市致远烟酒总公司退回昌平普通啤酒 20 箱，已开增值税专用发票冲销，发票(凭证)代码为 4300161130，发票(凭证)号码为 01003404；对应原发票(凭证)代码为 4300161130，发票(凭证)号码为 01003404。

⑨28 日，企业工会将自产的昌平白酒(30 度)100 箱、昌平白酒(50 度)40 箱、昌平保健酒 20 箱直接用于职工福利发放。

5.3.4 纳税申报表填列

根据上述业务资料,准确填写《增值税及附加税费申报表》《消费税及附加税费申报表》主表及附表(表5-2至表5-7)。

表5-2 增值税及附加税费申报表

(一般纳税人适用)

根据国家税收法律法规及增值税相关规定制定本表。纳税人不论有无销售额,均应按税务机关核定的纳税期限填写本表,并向当地税务机关申报。

税款所属时间:自 年 月 日至 年 月 填表日期: 年 月 日 金额单位:元(列至角分)

纳税人识别号(统一社会信用代码): 所属行业:

纳税人名称	(公章)	法定代表人姓名		注册地址		生产经营地址	
开户银行及账号		登记注册类型				电话号码	

	项目	栏次	一般项目		即征即退项目	
			本月数	本年累计	本月数	本年累计
销售额	(一)按适用税率计税销售额	1				
	其中:应税货物销售额	2				
	应税劳务销售额	3				
	纳税检查调整的销售额	4				
	(二)按简易办法计税销售额	5				
	其中:纳税检查调整的销售额	6				
	(三)免、抵、退办法出口销售额	7			—	—
	(四)免税销售额	8				
	其中:免税货物销售额	9				
	免税劳务销售额	10				
税款计算	销项税额	11				
	进项税额	12				
	上期留抵税额	13			—	
	进项税额转出	14				
	免、抵、退应退税额	15			—	—
	按适用税率计算的纳税检查应补缴税额	16			—	—
	应抵扣税额合计	17=12+13-14-15+16				
	实际抵扣税额	18(如17<11,则为17,否则为11)				
	应纳税额	19=11-18				

（续）

纳税人名称	（公章）	法定代表人 姓名		注册 地址		生产经营 地址		
开户银行及账号			登记注册 类型				电话 号码	

项目		栏次	一般项目		即征即退项目	
			本月数	本年累计	本月数	本年累计
税款计算	期末留抵税额	20＝17－18				—
	简易计税办法计算的应纳税额	21				
	按简易计税办法计算的纳税检查 应补缴税额	22			—	—
	应纳税额减征额	23				
	应纳税额合计	24＝19－21－23				
税款缴纳	期初未缴税额（多缴为负数）	25				
	实收出口开具专用缴款书退税额	25			—	—
	本期已缴税额	27＝28＋29＋30＋31				
	①分次预缴税额	28				
	②出口开具专用缴款书预缴税额	29				
	③本期缴纳上期应纳税额	30				
	④本期缴纳欠缴税额	31				
	期末未缴税额（多缴为负数）	32＝24＋25＋26－27				
	其中：欠缴税额（≥0）	33＝25－26－27				
	本期应补（退）税额	34＝24－28－29				
	即征即退实际退税额	35	—	—		
	期初未缴查补税额	36			—	—
	本期入库查补税额	37			—	—
	期末未缴查补税额	38＝16＋22＋36－37			—	—
附加税费	城市维护建设税本期应补（退） 税额	39			—	—
	教育费附加本期应补（退）费额	40			—	—
	地方教育附加本期应补（退）费额	41			—	—

声明：此表是根据国家税收法律法规及相关规定填写的，本人（单位）对填报内容（及附带资料）的真实性、可靠性、完整性负责。

纳税人（签章）：　　　　　　　　　　　　　年　月　日

经办人： 经办人身份证号： 代理机构签章： 代理机构统一社会信用代码：
受理人： 受理税务机关（章）： 受理日期：　　年　月　日

表5-3 增值税及附加税费申报表附表列资料（一）

（本期销售情况明细）

税款所属时间： 年 月 日至 年 月 日

纳税人名称：（公章）

金额单位：元（列至角分）

项目及栏次		开具增值税专用发票		开具其他发票		未开具发票		纳税检查调整		合计		价税合计	服务、不动产和无形资产扣除项目本期实际扣除金额	扣除后	
		销售额	销项（应纳）税额	销售额	销项（应纳）税额	销售额	销项（应纳）税额	销售额	销项（应纳）税额	销售额	销项（应纳）税额			含税（免税）销售额	销项（应纳）税额
		1	2	3	4	5	6	7	8	$9=1+3+5+7$	$10=2+4+6+8$	$11=9+10$	12	$13=11-12$	$14=13\div(100\%+$ 税率或征收率$)\times$ 税率或征收率
一、一般计税方法计税	全部征税项目	13%税率的货物及加工修理修配劳务	1													
		13%税率的服务、不动产和无形资产	2												—	—
		9%税率的货物及加工修理修配劳务	3					—	—				—	—		—
		9%税率的服务、不动产和无形资产	4										—	—		—
		6%税率	5													

（续）

项目及栏次			开具增值税专用发票		开具其他发票		未开具发票		纳税检查调整		合计		价税合计	服务、不动产和无形资产扣除项目本期实际扣除金额	扣除后	
			销售额	销项（应纳）税额	销售额	销项（应纳）税额	销售额	销项（应纳）税额	销售额	销项（应纳）税额	销售额	销项（应纳）税额			含税（免税）销售额	销项（应纳）税额
			1	2	3	4	5	6	7	8	9=1+3+5+7	10=2+4+6+8	11=9+10	12	13=11−12	14=13÷（100%+税率或征收率）×税率或征收率
一、一般计税方法计税	其中：即征即退项目	即征即退货物及加工修理修配劳务　6	—	—	—	—	—	—	—	—			—	—	—	—
		即征即退服务、不动产和无形资产　7	—	—	—	—	—	—	—	—			—	—	—	—
二、简易计税方法计税	全部征税项目	6%征收率　8	—	—	—	—	—	—	—	—			—	—	—	—
		5%征收率的货物及加工修理修配劳务　9a	—	—	—	—	—	—	—	—			—	—	—	—
		5%征收率的服务、不动产和无形资产　9b	—	—	—	—	—	—	—	—			—	—	—	—
		4%征收率　10	—	—	—	—	—	—	—	—			—	—	—	—

（续）

项目及栏次		开具增值税专用发票		开具其他发票		未开具发票		纳税检查调整		合计		价税合计	服务、不动产和无形资产项目本期实际扣除金额	扣除后	
		销售额	销项（应纳）税额	销售额	销项（应纳）税额	销售额	销项（应纳）税额	销售额	销项（应纳）税额	销售额	销项（应纳）税额	价税合计		含税（免税）销售额	销项（应纳）税额
		1	2	3	4	5	6	7	8	$9=1+3+5+7$	$10=2+4+6+8$	$11=9+10$	12	$13=11-12$	$14=13÷（100\%+税率或征收率）×税率或征收率$
二、简易计税方法计税 全部征税项目 3%征收率的货物及加工修理修配劳务	11														
3%征收率的服务、不动产和无形资产	12							—	—					—	—
预征率%	13a							—	—						
预征率%	13b			—	—			—	—						
预征率%	13c							—	—						
其中：即征即退项目 即征即退货物及加工修理修配劳务	14	—	—	—	—			—	—				—		—
即征即退服务、不动产和无形资产	15	—	—	—	—			—	—						

（续）

项目及栏次		开具增值税专用发票		开具其他发票		未开具发票		纳税检查调整		合计			服务、不动产和无形资产扣除项目本期实际扣除金额	扣除后	
		销售额	销项（应纳）税额	销售额	销项（应纳）税额	销售额	销项（应纳）税额	销售额	销项（应纳）税额	销售额	销项（应纳）税额	价税合计		含税（免税）销售额	销项（应纳）税额
		1	2	3	4	5	6	7	8	$9=1+3+5+7$	$10=2+4+6+8$	$11=9+10$	12	$13=11-12$	$14=13\div(100\%+$税率或征收率$)\times$税率或征收率
三、免抵退税	货物及加工修理修配劳务	16	—	—	—	—	—	—	—	—	—	—	—	—	—
	服务、不动产和无形资产	17	—	—	—	—	—	—	—	—	—	—	—	—	—
四、免税	货物及加工修理修配劳务	18	—	—	—	—	—	—	—	—	—	—	—	—	—
	服务、不动产和无形资产	19	—	—	—	—	—	—	—	—	—	—	—	—	—

表 5-4 增值税纳税申报表附列资料(二)

(本期进项税额明细)

税款所属时间： 年 月 日至 年 月 日

纳税人名称：(公章) 金额单位：元(列至角分)

一、申报抵扣的进项税额

项目	栏次	份数	金额	税额
(一)认证相符的增值税专用发票	1=2+3			
其中：本期认证相符且本期申报抵扣	2			
前期认证相符且本期申报抵扣	3			
(二)其他扣税凭证	4=5+6+7+8a+8b			
其中：海关进口增值税专用缴款书	5			
农产品收购发票或者销售发票	6			
代扣代缴税收缴款凭证	7		—	
加计扣除农产品进项税额	8a	—	—	
其他	8b			
(三)本期用于购建不动产的扣税凭证	9			
(四)本期不动产允许抵扣进项税额	10	—	—	
(五)外贸企业进项税额抵扣证明	11	—	—	
当期申报抵扣进项税额合计	12=1+4+11			

二、进项税额转出额

项目	栏次	税额
本期进项税额转出额	13=14至23之和	
其中：免税项目用	14	
集体福利、个人消费	15	
非正常损失	16	
简易计税方法征税项目用	17	
免抵退税办法不得抵扣的进项税额	18	
纳税检查调减进项税额	19	
红字专用发票信息表注明的进项税额	20	
上期留抵税额抵减欠税	21	
上期留抵税额退税	22	
异常凭证转出进项税额	23a	
其他应作进项税额转出的情形	23b	

三、待抵扣进项税额

项目	栏次	份数	金额	税额
(一)认证相符的增值税专用发票	24	—	—	—
期初已认证相符但未申报抵扣	25			
本期认证相符且本期未申报抵扣	26			
期末已认证相符但未申报抵扣	27			
其中：按照税法规定不允许抵扣	28			
(二)其他扣税凭证	29=30至33之和			
其中：海关进口增值税专用缴款书	30			
农产品收购发票或者销售发票	31			
代扣代缴税收缴款凭证	32		—	
其他	33			
	34			

四、其他

项目	栏次	份数	金额	税额
本期认证相符的增值税专用发票	35			
代扣代缴税额	36	—	—	

表5-5　增值税及附加税费申报表附列资料（三）

（附加税费情况表）

税（费）款所属时间：　　年　月　日至　　年　月　日

纳税人名称：（公章）

金额单位：元（列至角分）

税（费）种	计税（费）依据			税（费）率（征收率）（%）	本期应纳税（费）额	本期减免税（费）额		试点建设育产教融合型企业		本期已缴税（费）额	本期应补（退）税（费）额
	增值税税额	增值税免抵税额	留抵退税本期扣除额			减免性质代码	减免税（费）额	减免性质代码	本期抵免金额		
	1	2	3	4	5=(1-3+2)×4	6	7	8	9	10	11=5-7-9-10
城市维护建设税　1											
教育费附加　2											
地方教育附加　3											
合计　4	—	—	—	—		—		—			

本期是否适用试点建设育产教融合型企业抵免政策　□是　□否

	当期新增投资额　5
	上期留抵可抵免金额　6
	结转下期可抵免金额　7
可用于扣除的增值税留抵退税额使用情况	当期新增可用于扣除的留抵退税额　8
	上期结存可用于扣除的留抵退税额　9
	结转下期可用于扣除的留抵退税额　10

表 5-6 消费税及附加税费申报表

税款所属期：　　年　月　日至　　年　月　日

纳税人识别号 （统一社会信用代码）：

纳税人名称：　　　　　　　　　　　　　　　　　　　　　　　　　　金额单位：元(列至角分)

项目 / 应税消费品名称	适用税率		计量单位	本期销售数量	本期销售额	本期应纳税额
	定额税率	比例税率				
	1	2	3	4	5	6=1×4+2×5
合计	—	—	—	—	—	

	栏次	本期税费额
本期减(免)税额	7	
期初留抵税额	8	
本期准予扣除税额	9	
本期应扣除税额	10=8+9	
本期实际扣除税额	11[10<(6-7)，则为10，否则为6-7]	
期末留抵税额	12=10-11	
本期预缴税额	13	
本期应补(退)税额	14=6-7-11-13	
城市维护建设税本期应补(退)税额	15	
教育费附加本期应补(退)费额	16	
地方教育附加本期应补(退)费额	17	

声明：此表是根据国家税收法律法规及相关规定填写的，本人(单位)对填报内容(及附带资料)的真实性、可靠性、完整性负责。

纳税人 （签章）：　　　　　年　月　日

经办人： 经办人身份证号： 代理机构签章： 代理机构统一社会信用代码：	受理人： 受理税务机关(章)： 受理日期：　　年　月　日

表5-7 消费税附加税费计算表

金额单位：元（列至角分）

税（费）种	计税（费）依据 消费税税额	税（费）率（征收率）（%）	本期应纳税（费）额	本期减免税（费）额		本期是否适用增值税小规模纳税人"六税两费"减征政策 □是 □否		本期已缴税（费）额	本期应补（退）税（费）额
				减免性质代码	减免税（费）额	减征比例（%）	减征额		
	1	2	3=1×2	4	5	6	7=(3-5)×6	8	9=3-5-7-8
城市维护建设税									
教育费附加									
地方教育附加									
合计	—	—		—		—			

第6章 企业所得税

学习目标

1. 了解企业所得税概念、特点和基本作用。
2. 能明确企业所得税征税对象范围和纳税义务人。
3. 了解相关企业所得税税收优惠政策和纳税期限与地点。
4. 能根据相关业务资料计算企业应纳税所得额，合理确认企业应税收入。
5. 能明确查账征收和核定征收的概念，了解相关的企业所得税应纳税额的计算。
6. 能根据相关业务资料计算境外所得抵免税额，合理区分可抵免境外所得税税额与境外所得税的抵免限额。

6.1 基本知识

6.1.1 概 念

企业所得税是对我国境内企业及其他取得收入的组织生产经营所得和其他所得征收的一种税。其中，企业分为居民企业和非居民企业。

6.1.2 特 点

①以净所得为征税对象。
②以经过计算得出的应纳税所得额为计税依据。
③纳税人和实际负税人通常是一致的，因而可以直接调节纳税人的所得。

6.2 企业所得税税制要素

6.2.1 纳税义务人

在中华人民共和国境内，企业和其他取得收入的组织(以下统称企业)为企业所得税的纳税人，缴纳企业所得税。个人独资企业、合伙企业不适用《企业所得税法》。

(1)居民企业

居民企业是指依法在中国境内成立，或者依照外国(地区)法律成立但实际管理机构在中国境内的企业。

(2)非居民企业

非居民企业是指依照外国(地区)运律成立且实际管理机构不在中国境内,但在中国境内设立机构、场所的,或者在中国境内未设立机构、场所,但有来源于中国境内所得的企业。

6.2.2 征税对象

(1)居民企业的征税对象

居民企业应当就其来源于中国境内、境外的所得缴纳企业所得税。所得包括销售货物所得、提供劳务所得、转让财产所得、股息红利等权益性投资所得、利息所得、租金所得、特许权使用费所得、接受捐赠所得和其他所得。

(2)非居民企业的征税对象

非居民企业在中国境内设立机构、场所的,应当就其所设机构、场所取得的来源于中国境内的所得,以及发生在中国境外但与其所设机构、场所有实际联系的所得,缴纳企业所得税。实际联系是指非居民企业在中国境内设立的机构、场所拥有据以取得所得的股权、债券,以及拥有、管理、控制据以取得所得的财产等。

非居民企业在中国境内未设立机构、场所的,或者虽设立机构、场所但取得的所得与其所设机构、场所没有实际联系的,应当就其来源于中国境内的所得缴纳企业所得税。

6.2.3 税 率

我国企业所得税实行比例税率。企业所得税税率的现行规定如下:

(1)基本税率

我国企业所得税基本税率为25%,适用于居民企业和在中国境内设有机构、场所且所得与机构、场所有关联的非居民企业(认定为境内常设机构)。

(2)低税率

①在中国境内未设立机构、场所,或者虽设立机构、场所但取得的所得与其所设机构、场所没有实际联系的非居民企业适用低税率20%。但对这类企业实际征税时适用10%的税率。

②符合条件的小型微利企业,减按20%的税率征收企业所得税。

③国家需要重点扶持的高新技术企业及经认定的技术先进型服务企业(服务贸易类),减按15%的税率征收企业所得税。

6.2.4 税收优惠政策

企业所得税的税收优惠方式包括免税、减税、加计扣除、加速折旧、减计收入、税额抵免等。

【重点提示】税收优惠政策是国家利用税收调节经济的具体手段,会随实际情况适时调整。

6.2.4.1 免税收入

企业所得税的免税收入包括:

①国债利息收入。

②符合条件的居民企业之间的股息、红利等权益性投资收益。

③在中国境内设立机构、场所的非居民企业从居民企业取得与该机构、场所有实际联系的股息、红利等权益性投资收益。

④符合条件的非营利组织的收入。接受其他单位或者个人捐赠的收入；除财政拨款以外的其他政府补助收入，但不包括因政府购买服务取得的收入；按照省级以上民政、财政部门规定收取的会费；不征税收入和免税收入孳生的银行存款利息收入；财政部、国家税务总局规定的其他收入。

6.2.4.2　免征与减征优惠

企业的下列所得项目，可以免征、减征企业所得税。

①从事农、林、牧、渔业项目的所得。

a. 企业从事下列项目的所得，免征企业所得税：

· 蔬菜、谷物、薯类、油料、豆类、棉花、麻类、糖料、水果、坚果的种植；

· 农作物新品种的选育；

· 中药材的种植；

· 林木的培育和种植；

· 牲畜、家禽的饲养；

· 林产品的采集；

· 灌溉、农产品初加工、兽医、农技推广、农机作业和维修等农、林、牧、渔服务业项目；

· 远洋捕捞。

b. 企业从事下列项目的所得，减半征收企业所得税。

· 花卉、茶以及其他饮料作物和香料作物的种植。

· 海水养殖、内陆养殖。

②从事国家重点扶持的公共基础设施项目投资经营的所得。

税法所称国家重点扶持的公共基础设施项目，是指《公共基础设施项目企业所得税优惠目录》规定的港口码头、机场、铁路、公路、城市公共交通、电力、水利等项目。

企业从事国家重点扶持的公共基础设施项目投资经营的所得，自项目取得第一笔生产经营收入所属纳税年度起，第1年至第3年免征企业所得税，第4年至第6年减半征收企业所得税。

【重点提示】企业承包经营、承包建设和内部自建自用相关项目，不得享受税收优惠。

③从事符合条件的环境保护、节能节水项目的所得。

环境保护、节能节水项目的所得，自项目取得第一笔生产经营收入所属纳税年度起，第1年至第3年免征企业所得税，第4年至第6年减半征收企业所得税。

符合条件的环境保护、节能节水项目包括公共污水处理、公共垃圾处理、沼气综合开发利用、节能减排技术改造、海水淡化等。

④符合条件的技术转让所得。

一个纳税年度内，居民企业技术转让所得不超过500万元的部分，免征企业所得税；

超过 500 万元的部分，减半征收企业所得税。

　　a. 享受减免企业所得税优惠的技术转让应符合以下条件；

　　·享受优惠的技术转让主体是企业所得税法规定的居民企业；

　　·技术转让属于财政部、国家税务总局规定的范围；

　　·境内技术转让经省级以上科技部门认定；

　　·向境外转让技术经省级以上商务部门认定；

　　·国务院税务主管部门规定的其他条件。

　　b. 符合条件的技术转让所得应按以下方法计算。

$$技术转让所得＝技术转让收入－技术转让成本－相关税费$$

技术转让收入是指当事人履行技术转让合同后获得的价款，不包括销售或转让设备、仪器、零部件、原材料等非技术性收入。技术转让成本是指转让的无形资产的净值。相关税费是指技术转让过程中实际发生的有关税费，包括除企业所得税和允许抵扣的增值税以外的各项税金及其附加、合同签订费、律师费等相关费用及其他支出。

　　【重点提示】①享受技术转让所得减免企业所得税优惠的企业，应单独计算技术转让所得，并合理分摊企业的期间费用；没有单独计算的，不得享受技术转让所得企业所得税优惠。②居民企业从直接或间接持有股权之和达到 100% 的关联方取得的技术转让所得，不享受技术转让减免企业所得税优惠政策。

6.2.4.3　小型微利企业的优惠政策

2023 年 7 月 24 日，中共中央政治局会议决定：对小型微利企业减按 25% 计算应纳税所得额，按 20% 的税率缴纳企业所得税政策，并延续执行至 2027 年 12 月 31 日。

小型微利企业是指从事国家非限制和禁止行业，且同时符合年度应纳税所得额不超过300 万元、从业人数不超过 300 人、资产总额不超过 5000 万元等 3 个条件的企业。

从业人数包括与企业建立劳动关系的职工人数和企业接受的劳务派遣用工人数。从业人数和资产总额应当按照企业全年的季度平均额确定。计算公式如下：

$$季度平均值＝（季初值＋季末值）/2$$
$$全年季度平均值＝全年各季度平均值之和/4$$

年度中间开业或者终止经营活动的，以其实际经营期作为一个纳税年度确定上述相关指标。

6.2.4.4　加计扣除优惠

加计扣除优惠包括两项内容：研发费用、企业安置残疾人员所支付的工资。

（1）企业研发费用的加计扣除

①现行研发费用税前加计扣除比例。自 2023 年 1 月 1 日起，企业开展研发活动中实际发生的研发费用，未形成无形资产计入当期损益的，在按规定据实扣除的基础上，再按照实际发生额的 100% 在税前加计扣除，形成无形资产的，按照无形资产成本的 200% 在税前摊销。

　　【重点提示】研发费用包括直接从事研发活动人员的人工费用、直接投入费用、折旧费用、无形资产摊销、新产品设计费、新工艺规程制定费、新药研制的临床试验费、勘探开发技术的现场试验费及其他相关费用。

②委托境外进行研发活动。企业委托境外进行研发活动所发生的费用，按照费用实际发生额的80%计入委托方的委托境外研发费用。委托境外研发费用不超过境内符合条件的研发费用2/3的部分，可以按规定在企业所得税税前加计扣除。

（2）企业安置残疾人员所支付工资的加计扣除

企业安置残疾人员的，支付给残疾职工的工资据实扣除后，再加计扣除100%。

6.2.4.5 加速折旧优惠

企业的固定资产由于技术进步等原因，确需加速折旧的，可以缩短折旧年限或者采取加速折旧的方法。可采用以上折旧方法的固定资产是指：

①由于技术进步，产品更新换代较快的固定资产。

②常年处于强震动、高腐蚀状态的固定资产。

采取缩短折旧年限方法的，最低折旧年限不得低于规定折旧年限的60%；采取加速折旧方法的，可以采取双倍余额递减法或者年数总和法。

6.2.4.6 减计收入优惠

①企业综合利用资源生产符合国家产业政策规定的产品所取得的收入，减按90%计入收入总额。

②自2019年6月1日至2025年12月31日，提供社区养老、托育、家政服务取得的收入，减按90%计入收入总额。

6.2.4.7 其他有关行业(地区)的优惠

（1）关于促进集成电路产业和软件产业发展的优惠政策

①国家鼓励的集成电路线宽小于28纳米(含)，且经营期在15年以上的集成电路生产企业或项目，第1年至第10年免征企业所得税；国家鼓励的集成电路线宽小于65纳米(含)，且经营期在15年以上的集成电路生产企业或项目，第1年至第5年免征企业所得税，第6年至第10年按照25%的法定税率减半征收企业所得税；国家鼓励的集成电路线宽小于130纳米(含)，且经营期在10年以上的集成电路生产企业或项目，第1年至第2年免征企业所得税，第3年至第5年按照25%的法定税率减半征收企业所得税。

②国家鼓励的线宽小于130纳米(含)的集成电路生产企业，属于国家鼓励的集成电路生产企业清单年度之前5个纳税年度发生的尚未弥补完的亏损，准予向以后年度结转，总结转年限最长不得超过10年。

③国家鼓励的集成电路设计、装备、材料、封装、测试企业和软件企业，自获利年度起，第1年至第2年免征企业所得税，第3年至第5年按照25%的法定税率减半征收企业所得税。

④国家鼓励的重点集成电路设计企业和软件企业，自获利年度起，第1年至第5年免征企业所得税，接续年度减按10%的税率征收企业所得税。

（2）关于鼓励证券投资基金发展的优惠政策

①对证券投资基金从证券市场中取得的收入，包括买卖股票、债券的差价收入，股权的股息、红利收入，债券的利息收入及其他收入，暂不征收企业所得税。

②对投资者从证券投资基金分配中取得的收入，暂不征收企业所得税。

③对证券投资基金管理人运用基金买卖股票、债券的差价收入，暂不征收企业所得税。

（3）保险保障基金有关企业所得税的优惠政策

取得的下列收入，免征企业所得税：

①境内保险公司依法缴纳的保险保障基金。

②依法从撤销或破产保险公司清算财产中获得的受偿收入和向有关责任方追偿所得，以及依法从保险公司风险处置中获得的财产转让所得。

③接受捐赠收入。

④银行存款利息收入。

⑤购买政府债券、中央银行、中央企业和中央级金融机构发行债券的利息收入。

⑥国务院批准的其他资金运用取得的收入。

（4）西部大开发的税收优惠政策

自 2021 年 1 月 1 日至 2030 年 12 月 31 日，对设在西部地区的鼓励类产业企业减按15%的税率征收企业所得税。鼓励类产业企业是指以《西部地区鼓励类产业目录》中规定的产业项目为主营业务，且其主营业务收入占企业收入总额60%以上的企业。

【重点提示】第三方防治企业是指受排污企业或政府委托，负责环境污染治理设施（包括自动连续监测设施，下同）运营维护的企业。

6.2.4.8　非居民企业的优惠

非居民企业减按 10%的税率征收企业所得税。该类非居民企业取得下列所得免征企业所得税：

①外国政府向中国政府提供贷款取得的利息所得。

②国际金融组织向中国政府和居民企业提供优惠贷款取得的利息所得。

③经国务院批准的其他所得。

6.3　企业所得税应纳税所得额的计算

6.3.1　应纳税所得额计算方法

$$应纳税额=应纳税所得额×适用税率-减免税额-抵免税额$$

在实际过程中，应纳税所得额的计算一般有两种方法。

6.3.1.1　直接计算法

在直接计算法下，企业每一纳税年度的收入总额减除不征税收入、免税收入、各项扣除以及允许弥补的以前年度亏损后的余额为应纳税所得额。计算公式为：

$$应纳税所得额=收入总额-不征税收入-免税收入-各项扣除金额-弥补亏损$$

6.3.1.2　间接计算法

间接计算法下，应纳税所得额需要在会计利润总额的基础上按照税法规定进行加、减调整。计算公式为：

$$应纳税所得额=会计利润总额±纳税调整项目金额$$

纳税调整项目金额包括两方面的内容：一是企业财务会计制度规定的项目范围与税收法规规定的项目范围不一致应予以调整的金额；二是企业财务会计制度规定的扣除标准与

税法规定的扣除标准不一致的差异应予以调整的金额。

【重点提示】在实际工作中，我国采用间接计算法，通过会计利润总额进行调整得到应纳税所得额，这一点体现在企业所得税纳税申报表的设计中。

6.3.2 收入总额的确定

企业的收入总额包括以货币形式和非货币形式从各种来源取得的收入。

6.3.2.1 一般收入的确认

①销售货物收入是指企业销售商品、产品、原材料、包装物、低值易耗品以及其他存货取得的收入。

②提供劳务收入是指企业从事建筑安装、修理修配、交通运输、仓储租赁、金融保险、邮电通信、咨询经纪、文化体育、科学研究、技术服务、教育培训、餐饮住宿、中介代理、卫生保健、社区服务、旅游、娱乐、加工以及其他劳务服务活动取得的收入。

③转让财产收入是指企业转让固定资产、生物资产、无形资产、股权、债权等财产取得的收入。

④股息、红利等权益性投资收益是指企业因权益性投资从被投资方取得的收入。股息、红利等权益性投资收益，除国务院财政、税务主管部门另有规定外，应以被投资企业股东会或股东大会做出利润分配或转股决定的日期，确认收入的实现。

⑤利息收入是指企业将资金提供他人使用但不构成权益性投资，或者因他人占用本企业资金取得的收入，包括存款利息、贷款利息、债券利息、欠款利息等收入。利息收入按照合同约定的债务人应付利息的日期确认收入的实现。

⑥租金收入是指企业提供固定资产、包装物或者其他有形资产的使用权取得的收入。租金收入按照合同约定的承租人应付租金的日期确认收入的实现。

⑦特许权使用费收入是指企业提供专利权、非专利技术、商标权、著作权，以及其他特许权的使用权取得的收入。特许权使用费收入，按照合同约定的特许权使用人应付特许权使用费的日期确认收入的实现。

⑧接受捐赠收入是指企业接受的来自其他企业、组织或者个人无偿给予的货币性资产、非货币性资产。接受捐赠收入，按照实际收到捐赠资产的日期确认收入的实现。

⑨其他收入是指企业取得的除上述收入外的其他收入，包括企业资产溢余收入、逾期未退包装物押金收入、确实无法偿付的应付款项、已作坏账损失处理后又收回的应收款项、债务重组收入、补贴收入、违约金收入、汇兑收益等。

6.3.2.2 特殊收入的确认

①以分期收款方式销售货物的，按照合同约定的收款日期确认收入的实现。

②企业受托加工制造大型机械设备、船舶、飞机，以及从事建筑、安装、装配工程业务或者提供其他劳务等，持续时间超过 12 个月的，按照纳税年度内完工进度或者完成的工作量确认收入的实现。

③采取产品分成方式取得收入的，按照企业分得产品的日期确认收入的实现，其收入额按照产品的公允价值确定。

④企业发生非货币性资产交换，以及将货物、财产、劳务用于捐赠、偿债、赞助、集

资、广告、样品、职工福利或者利润分配等用途的，应当视同销售货物、转让财产或者提供劳务，但国务院财政、税务主管部门另有规定的除外。

6.3.2.3 处置资产收入的确认

(1)企业发生下列情形的处置资产，除将资产转移至境外以外，不视同销售确认收入，相关资产的计税基础延续计算：

①将资产用于生产、制造、加工另一产品。

②改变资产形状、结构或性能。

③改变资产用途(如自建商品房转为自用或经营)。

④将资产在总机构及其分支机构之间转移。

⑤上述两种或两种以上情形的混合。

⑥其他不改变资产所有权属的用途。

(2)企业将资产移送他人的下列情形，因资产所有权属已发生改变而不属于内部处置资产，应按规定视同销售确定收入：

①用于市场推广或销售。

②用于交际应酬。

③用于职工奖励或福利。

④用于股息分配。

⑤用于对外捐赠。

⑥其他改变资产所有权属的用途。

企业发生上述第①至⑥项规定情形的，除另有规定外，应按照被移送资产的公允价值确定销售收入。

【**重点提示**】视同销售在增值税、企业所得税和会计处理中存在一定差异(表6-1)。

表6-1 视同销售问题在会计、增值税及企业所得税上的处理

项目		会计是否 确认收入	增值税是否 视同销售	企业所得税是否 视同销售
将货物交付其他单位或者个人代销		√	√	√
销售代销货物	收取手续费	×	√	×
	视同买断	√	√	√
统一核算，异地移送		×	√	×
个人消费	自产、委托加工	√	√	√
	外购	×	×	√
集体福利	自产、委托加工	√	√	×
	外购	×	×	√
投资(自产、委托加工、外购)		√	√	√
分配(自产、委托加工、外购)		√	√	√
无偿赠送(自产、委托加工、外购)		×	√	√

（续）

项目		会计是否确认收入	增值税是否视同销售	企业所得税是否视同销售
交际应酬	自产、委托加工	×	√	√
	外购	×	×	√
市场推广、广告样品	自产、委托加工	×	√	√
	外购	×	√	√

6.3.3 不征税收入和免税收入

6.3.3.1 不征税收入

①财政拨款。它是指各级人民政府对纳入预算管理的事业单位、社会团体等组织拨付的财政资金，但国务院和国务院财政、税务主管部门另有规定的除外。

②依法收取并纳入财政管理的行政事业性收费、政府性基金。

③国务院规定的其他不征税收入。

6.3.3.2 免税收入

①国债利息收入。

②符合条件的居民企业之间的股息、红利等权益性收益是指居民企业直接投资于其他居民企业取得的投资收益。

③在中国境内设立机构、场所的非居民企业从居民企业取得与该机构、场所有实际联系的股息、红利等权益性投资收益。

④符合条件的非营利组织的收入。

⑤对企业取得的2009年及以后年度发行的地方政府债券利息所得，免征企业所得税。地方政府债券是指经国务院批准，以省、自治区、直辖市和计划单列市政府为发行和偿还主体的债券。

⑥跨境电子商务综合试验区内实行核定征收的跨境电商企业取得的收入可享受免税收入优惠政策。

⑦对企业投资者转让创新企业境内发行存托凭证（创新企业CDR）取得的差价所得和持有创新企业CDR取得的股息红利所得，按转让股票差价所得和持有股票的股息红利所得政策规定免征企业所得税。

⑧对公募证券投资基金（封闭式证券投资基金、开放式证券投资基金）转让创新企业CDR取得的差价所得和持有创新企业CDR取得的股息红利所得，按公募证券投资基金税收政策规定暂不征收企业所得税。

⑨对合格境外机构投资者（QFII）、人民币合格境外机构投资者（RQFII）转让创新企业CDR取得的差价所得和持有创新企业CDR取得的股息红利所得，视同转让或持有据以发行创新企业CDR的基础股票取得的权益性资产转让所得和股息红利所得免征企业所得税。

⑩自2021年11月7日起至2025年12月31日止，对境外机构投资境内债券市场取得的债券利息收入暂免征收企业所得税。

【**重点提示**】上述暂免征收企业所得税的范围不包括境外机构在境内设立的机构、场所取得的与该机构、场所有实际联系的债券利息。

6.3.4　扣除项目

6.3.4.1　扣除项目的范围

《中华人民共和国企业所得税法》规定，企业实际发生的与取得收入有关的、合理的支出，包括成本、费用、税金、损失和其他支出，准予在计算应纳税所得额时扣除。

（1）成本

企业必须将经营活动中发生的成本合理划分为直接成本和间接成本。

（2）费用

费用是指企业每一个纳税年度为生产、经营商品和提供劳务等所发生的销售（经营）费用、管理费用和财务费用，已经计入成本的有关费用除外。

（3）税金

税金是指企业发生的除企业所得税和允许抵扣的增值税以外的企业缴纳的各项税金及其附加。这些已纳税金准予税前扣除。扣除的方式有两种：一是在发生当期扣除；二是在发生当期计入相关资产的成本，在以后各期分摊扣除。

（4）损失

企业发生的损失，减除责任人赔偿和保险赔款后的余额，依照国务院财政、税务主管部门的规定扣除。企业已经作为损失处理的资产，在以后纳税年度又全部收回或者部分收回时，应当计入当期收入。

（5）其他支出

其他支出是指除成本、费用、税金、损失外，企业在生产经营活动中发生的与生产经营活动有关的、合理的支出。

6.3.4.2　具体扣除项目及标准

在计算应纳税所得额时，下列项目可按照实际发生额或规定的标准扣除。

（1）工资、薪金支出

企业发生的合理的工资、薪金支出准予据实扣除。

（2）职工福利费、工会经费、职工教育经费

①企业发生的职工福利费支出，不超过工资薪金总额14%的部分准予扣除。

②企业拨缴的工会经费，不超过工资薪金总额2%的部分准予扣除。

③除国务院财政、税务主管部门或者省级人民政府规定外，企业发生的职工教育经费支出，不超过工资薪金总额8%的部分准予扣除，超过部分准予结转以后纳税年度扣除。

④软件企业职工培训费可以全额扣除，扣除职工培训费后的职工教育经费的余额应按照工资薪金8%的比例扣除。

（3）职工社会保险费及相关保险费

①企业依照国务院有关主管部门或者省级人民政府规定的范围和标准为职工缴纳的"五险一金"准予扣除。

②企业为在本企业任职或受雇的全体员工支付的补充养老保险费、补充医疗保险费，

分别在不超过职工工资总额5%标准内的部分，在计算应纳税所得额时准予扣除。超过部分，不得扣除。

③企业参加财产保险，按照规定缴纳的保险费，准予扣除。企业为投资者或者职工支付的商业保险费，不得扣除，国务院财政、税务主管部门另有规定的除外。

④企业依照国家有关规定为特殊工种职工支付的人身安全保险费和符合国务院财政、税务主管部门规定可以扣除的商业保险费准予扣除。

⑤企业职工因公出差乘坐交通工具发生的人身意外保险费支出，准予企业在计算应纳税所得额时扣除。

⑥企业参加雇主责任险、公众责任险等责任保险，按照规定缴纳的保险费，准予在企业所得税税前扣除。

（4）利息费用

企业在生产经营活动中发生的利息费用，按下列规定扣除：

①非金融企业向金融企业借款的利息支出、金融企业的各项存款利息支出和同业拆借利息支出、企业经批准发行债券的利息支出可据实扣除。

②非金融企业向非金融企业借款的利息支出，不超过按照金融企业同期同类贷款利率计算的数额的部分可据实扣除，超过部分不允许扣除。

③企业从其关联方接受的债权性投资与权益性投资的比例超过规定标准而发生的利息支出，不得在计算应纳税所得额时扣除。

④企业向自然人借款的利息支出在企业所得税税前扣除。

⑤企业的投资者投资未到位发生利息支出的扣除问题。凡企业投资者在规定期限内未缴足其应缴资本额的，该企业对外借款所发生的利息，相当于投资者实缴资本额与在规定期限内应缴资本额的差额应计付的利息，其不属于企业合理的支出，应由企业的投资者负担，不得在计算企业应纳税所得额时扣除。

（5）借款费用

①企业在生产经营活动中发生的合理的不需要资本化的借款费用，准予扣除。

②企业为购置、建造固定资产、无形资产和经过12个月以上的建造才能达到预定可销售状态的存货发生借款的，在有关资产购置、建造期间发生的合理的借款费用，应予以资本化，作为资本性支出计入有关资产的成本；有关资产交付使用后发生的借款利息，可在发生当期扣除。

③企业通过发行债券、取得贷款、吸收保户储金等方式融资而发生的合理的费用支出，符合资本化条件的，应计入相关资产成本；不符合资本化条件的，应作为财务费用，准予在企业所得税税前据实扣除。

④企业以本企业为主体联合其他企业、单位、个人合作或合资开发房地产项目，且该项目未成立独立法人公司，凡开发合同或协议中约定分配项目利润的，企业应将该项目形成的营业利润额并入当期应纳税所得额统一申报缴纳企业所得税，不得在税前分配该项目的利润。同时不能因接受投资方投资额而在成本中摊销或在税前扣除相关利息支出。

（6）汇兑损失

企业在货币交易中，以及纳税年度终了时将人民币以外的货币性资产、负债按照期末即期人民币汇率中间价折算为人民币时产生的汇兑损失，除已经计入有关资产成本以及与向所有者进行利润分配相关的部分外，准予扣除。

（7）业务招待费

①企业发生的与生产经营活动有关的业务招待费支出，按照发生额的60%扣除，但最高不得超过当年销售（营业）收入的0.5%。

②对从事股权投资业务的企业（包括集团公司总部、创业投资企业等），其从被投资企业所分配的股息、红利以及股权转让收入，可以按规定的比例计算业务招待费扣除限额。

③自2011年开始，企业在筹建期间，发生的与筹办活动有关的业务招待费支出，可按实际发生额的60%计入企业筹办费，并按有关规定在税前扣除。

（8）广告费和业务宣传费

企业每一纳税年度发生的符合条件的广告费和业务宣传费支出合并计算，除国务院财政、税务主管部门另有规定外，不超过当年销售（营业）收入15%的部分，准予扣除；超过部分，准予结转以后纳税年度扣除。

自2011年1月1日至2025年12月31日，对部分行业企业广告费和业务宣传费税前扣除的特殊规定：

①对化妆品制造与销售、医药制造和饮料制造（不含酒类制造）企业发生的广告费和业务宣传费支出，不超过当年销售（营业）收入30%的部分，准予扣除；超过部分，准予在以后纳税年度结转扣除。

②对签订广告费和业务宣传费分摊协议（以下简称分摊协议）的关联企业，其中一方发生的不超过当年销售（营业）收入税前扣除限额比例内的广告费和业务宣传费支出可以在本企业扣除，也可以将其中的部分或全部按照分摊协议归集至另一方扣除。另一方在计算本企业广告费和业务宣传费支出企业所得税税前扣除限额时，可将按照上述办法归集至本企业的广告费和业务宣传费不计算在内。

③烟草企业的烟草广告费和业务宣传费支出，一律不得在计算应纳税所得额时扣除。

【重点提示】企业在筹建期间，发生的广告费和业务宣传费，可按实际发生额计入企业筹办费，并按有关规定在税前扣除。

（9）环境保护专项资金

企业依照法律、行政法规有关规定提取的用于环境保护、生态恢复等方面的专项资金，准予扣除。上述专项资金提取后改变用途的，不得扣除。

（10）租赁费

企业根据生产经营活动的需要租入固定资产支付的租赁费，按照以下方法扣除：

①以经营租赁方式租入固定资产发生的租赁费支出，按照租赁期限均匀扣除。

②以融资租赁方式租入固定资产发生的租赁费支出，按照规定构成融资租入固定资产价值的部分应当提取折旧费用，分期扣除。

（11）劳动保护费

企业发生的合理的劳动保护支出，准予扣除。

企业根据其工作性质和特点，由企业统一制作并要求员工工作时统一着装所发生的工作服饰费用，可以作为企业合理的支出给予税前扣除。

（12）公益性捐赠支出

公益性捐赠是指企业通过公益性社会组织、县级以上人民政府及其部门等国家机关，用于符合法律规定的公益慈善事业捐赠支出。

企业当年发生以及以前年度结转的公益性捐赠支出，不超过年度利润总额12%的部分，准予扣除。超过年度利润总额12%的部分，准予以后3年内在计算应纳税所得额时结转扣除。

企业发生的公益性捐赠支出未在当年税前扣除的部分，准予向以后年度结转扣除，但结转年限自捐赠发生年度的次年起计算最长不得超过3年。企业在对公益性捐赠支出计算扣除时，应先扣除以前年度结转的捐赠支出，再扣除当年发生的捐赠支出。

（13）总机构分摊的费用

非居民企业在中国境内设立的机构、场所，就其中国境外总机构发生的与该机构、场所生产经营有关的费用，能够提供总机构出具的费用汇集范围、定额、分配依据和方法等证明文件，并合理分摊的，准予扣除。

（14）资产损失

企业当期发生的固定资产和流动资产盘亏、毁损净损失，由其提供清查盘存资料经申报后，准予扣除；企业因存货盘亏、毁损、报废等原因不得从销项税金中抵扣的进项税金，应视同企业财产损失，准予与存货损失一起在所得税税前按规定扣除。

（15）依照有关法律、行政法规和国家有关税法规定准予扣除的其他项目。如会员费、合理的会议费、差旅费、违约金、诉讼费用等。

（16）党组织工作经费

①国有企业（包括国有独资、全资和国有资本绝对控股、相对控股企业）纳入管理费用的党组织工作经费，实际支出不超过职工年度工资薪金总额1%的部分，可以据实在企业所得税前扣除。

②非公有制企业党组织工作经费纳入企业管理费列支，不超过职工年度工资薪金总额1%的部分，可以据实在企业所得税前扣除。

（17）手续费及佣金支出

企业发生与生产经营有关的手续费及佣金支出，不超过以下规定计算限额以内的部分，准予扣除；超过部分，不得扣除。

①保险企业发生与其经营活动有关的手续费及佣金支出，不超过当年全部保费收入扣除退保金等后余额的18%（含本数）的部分，在计算应纳税所得额时准予扣除；超过部分，允许结转以后年度扣除。

②电信企业在发展客户、拓展业务等过程中，需向经纪人、代办商支付手续费及佣金的，其实际发生的相关手续费及佣金支出，不超过企业当年收入总额5%的部分，准予在企业所得税税前据实扣除。

【重点提示】电信企业手续费及佣金支出，仅限于电信企业在发展客户、拓展业务等过程中因委托销售电话入网卡、电话充值卡等所发生的手续费及佣金支出。

③其他企业按与具有合法经营资格中介服务机构或个人（不含交易双方及其雇员、代理人和代表人等）所签订服务协议或合同确认的收入金额的5%计算限额。

（18）金融企业涉农贷款和中小企业贷款损失准备金的税前扣除政策

金融企业涉农贷款和中小企业贷款损失准备金的企业所得税税前扣除政策如下：

①涉农贷款和中小企业贷款进行风险分类后，按照以下比例计提的贷款损失准备金，准予在计算应纳税所得额时扣除：

a. 关注类贷款，计提比例为2%；

b. 次级类贷款，计提比例为25%；

c. 可疑类贷款，计提比例为50%；

d. 损失类贷款，计提比例为100%。

②涉农贷款，包括：

a. 农户贷款（指金融企业发放给农户的所有贷款）；

b. 农村企业及各类组织贷款（指金融企业发放给注册地位于农村区域的企业及各类组织的所有贷款）。

③中小企业贷款是指金融企业对年销售额和资产总额均不超过2亿元的企业的贷款。

④金融企业发生的符合条件的涉农贷款和中小企业贷款损失，应先冲减已在税前扣除的贷款损失准备金，不足冲减部分可据实在计算应纳税所得额时扣除。

6.3.5　不得扣除的项目

下列项目在计算应纳税所得额时不得税前扣除。

①向投资者支付的股息、红利等权益性投资收益款项。

②企业所得税税款。

③税收滞纳是指纳税人、扣缴义务人违反税收法律、法规，被税务征收机关加收的滞纳金。

④罚金、罚款和被没收财物的损失指纳税人违反国家有关法律、法规规定，被有关部门处以的罚款、罚金和被没收的财物。

⑤《企业所得税法》第九条规定以外的捐赠支出。

⑥赞助支出是指企业发生的与生产经营活动无关的各种非广告性质支出。

⑦未经核定的准备金支出是指不符合国务院财政、税务主管部门规定的各项资产减值准备、风险准备等准备金支出。

【重点提示】除财政部和国家税务总局核准计提的准备金可以税前扣除外，其他行业、企业计提的各项资产减值准备、风险准备等准备金均不得税前扣除。

⑧企业之间支付的管理费、企业内营业机构之间支付的租金和特许权使用费，以及非银行企业内营业机构之间支付的利息，不得扣除。

⑨与取得收入无关的其他支出。

6.3.6　亏损弥补

税法规定，企业某一纳税年度发生的亏损可以用下一年度的所得弥补，下一年度的所得不足以弥补的，可以逐年延续弥补，但最长不得超过5年。而且，企业在汇总计算缴纳企业所得税时，其境外营业机构的亏损不得抵减境内营业机构的盈利。

①当年具备高新技术企业或科技型中小企业资格（以下简称资格）的企业，其具备资格

年度之前 5 个年度发生的尚未弥补完的亏损，准予结转以后年度弥补，最长结转年限由 5 年延长至 10 年。

a. 企业具备资格年度之前 5 个年度发生的尚未弥补完的亏损，是指当年具备资格的企业，其前 5 个年度无论是否具备资格，所发生的尚未弥补完的亏损；

b. 2018 年具备资格的企业，无论 2013 年至 2017 年是否具备资格，其 2013 年至 2017 年发生的尚未弥补完的亏损，均准予结转以后年度弥补，最长结转年限为 10 年。2018 年以后年度具备资格的企业，依此类推，进行亏损结转弥补税务处理；

c. 高新技术企业按照其取得的高新技术企业证书注明的有效期所属年度，确定其具备资格的年度。科技型中小企业按照其取得的科技型中小企业入库登记编号注明的年度，确定其具备资格的年度；

d. 企业发生符合特殊性税务处理规定的合并或分立重组事项的，其尚未弥补完的亏损，按照下列规定进行税务处理。

·合并企业承继被合并企业尚未弥补完的亏损的结转年限，按照被合并企业的亏损结转年限确定；

·分立企业承继被分立企业尚未弥补完的亏损的结转年限，按照被分立企业的亏损结转年限确定；

·合并企业或分立企业具备资格的，其承继被合并企业或被分立企业尚未弥补完的亏损的结转年限，按照《财政部、税务总局关于延长高新技术企业和科技型中小企业亏损结转年限的通知》（财税〔2018〕76 号）第一条和国家税务总局 2018 年第 45 号公告第一条规定处理。

②自 2020 年 1 月 1 日起，国家鼓励的线宽小于 130 纳米（含）的集成电路生产企业，属于国家鼓励的集成电路生产企业清单年度之前 5 个纳税年度发生的尚未弥补完的亏损，准予向以后年度结转，总结转年限最长不得超过 10 年。国家鼓励的集成电路生产企业或项目清单由国家发展和改革委员会、工业和信息化部会同财政部、税务总局等相关部门制定。

③企业筹办期间不计算为亏损年度，企业开始生产经营的年度，为开始计算企业损益的年度。企业从事生产经营之前进行筹办活动期间发生筹办费用支出，不得计算为当期的亏损，企业可以在开始经营之日的当年一次性扣除，也可以按照税法有关长期待摊费用的处理规定处理，但一经选定，不得改变。

6.4 资产的所得税处理

资产是由于资本投资而形成的财产，对于资本性支出以及无形资产受让、开办、开发费用，不允许作为成本、费用从纳税人的收入总额中作一次性扣除，只能采取分次计提折旧或分次摊销的方式予以扣除，即纳税人经营活动中使用的固定资产的折旧费用、无形资产和长期待摊费用的摊销费用可以扣除。

6.4.1 固定资产所得税处理

固定资产是指企业为生产产品、提供劳务、出租或者经营管理而持有的，使用时间超过 12 个月的非货币性资产，包括房屋、建筑物、机器、机械、运输工具及其他与生产经营活动有关的设备、器具、工具等。

6.4.1.1　固定资产计税基础

①外购的固定资产，以购买价款和支付的相关税费及直接归属于使该资产达到预定用途发生的其他支出为计税基础。

②自行建造的固定资产，以竣工结算前发生的支出为计税基础。

③融资租入的固定资产，以租赁合同约定的付款总额和承租人在签订租赁合同过程中发生的相关费用为计税基础；租赁合同未约定付款总额的，以该资产的公允价值和承租人在签订租赁合同过程中发生的相关费用为计税基础。

④盘盈的固定资产，以同类固定资产的重置完全价值为计税基础。

⑤通过捐赠、投资、非货币性资产交换、债务重组等方式取得的固定资产，以该资产的公允价值和支付的相关税费为计税基础。

⑥改建的固定资产，除已足额提取折旧的固定资产和租入的固定资产以外的其他固定资产，以改建过程中发生的改建支出增加为计税基础。

6.4.1.2　固定资产折旧的范围

在计算应纳税所得额时，企业按照规定计提的固定资产折旧，准予扣除。下列固定资产不得计提折旧扣除：

①房屋、建筑物以外未投入使用的固定资产。

②以经营租赁方式租入的固定资产。

③以融资租赁方式租出的固定资产。

④已足额提取折旧仍继续使用的固定资产。

⑤与经营活动无关的固定资产。

⑥单独估价作为固定资产入账的土地。

⑦其他不得计算折旧扣除的固定资产。

6.4.1.3　固定资产折旧的计提方法

①企业应当自固定资产投入使用月份的次月起计提折旧；停止使用的固定资产，应当自停止使用月份的次月起停止计提折旧。

②企业应当根据固定资产的性质和使用情况，合理确定固定资产的预计净残值。固定资产的预计净残值一经确定，不得变更。

③固定资产按照直线法计提的折旧，准予扣除，由于技术进步等原因，确需加速折旧的，可以缩短折旧年限或者采取加速折旧的方法。

【重点提示】①符合采取加速折旧方法的，可以采取双倍余额递减法或者年数总和法。②企业在 2024 年 1 月 1 日至 2027 年 12 月 31 日期间新购进的设备、器具，单位价值不超过 500 万元的，允许一次性计入当期成本费用在计算应纳税所得额时扣除。

6.4.1.4　固定资产折旧的计提年限

除国务院财政、税务主管部门另有规定外，固定资产计提折旧的最低年限如下：

①房屋、建筑物，为 20 年。

②飞机、火车、轮船、机器、机械和其他生产设备，为 10 年。

③与生产经营活动有关的器具、工具、家具等，为 5 年。

④飞机、火车、轮船以外的运输工具，为 4 年。

⑤电子设备，为 3 年。

从事开采石油、天然气等矿产资源的企业，在开始商业性生产前发生的费用和有关固定资产的折耗、折旧方法，由国务院财政、税务主管部门另行规定。

【重点提示】①税法规定的固定资产最低折旧年限长于会计折旧年限的，按税法规定最低年限逐年计算扣除折旧费用，直至扣完为止；税法规定的最低折旧年限短于会计折旧年限的，按会计折旧年限计算扣除折旧费用，税法另有规定除外。②企业购买的文物、艺术品用于收藏、展示、保值增值的，作为投资资产进行税务处理。文物、艺术品资产在持有期间，计提的折旧、摊销费用，不得税前扣除。

6.4.2　生物资产的所得税处理

生物资产是指有生命的动物和植物。生物资产分为消耗性生物资产、生产性生物资产和公益性生物资产。消耗性生物资产是指为出售而持有的，或在将来收获为农产品的生物资产，包括生长中的大田作物、蔬菜、用材林以及存栏待售的牲畜等。生产性生物资产是指为产出农产品、提供劳务或出租等目的而持有的生物资产，包括经济林、薪炭林、产畜和役畜等。公益性生物资产是指以防护、环境保护为主要目的的生物资产，包括防风固沙林、水土保持林和水源涵养林等。

6.4.2.1　生物资产的计税基础

①外购的生产性生物资产，以购买价款和支付的相关税费为计税基础。

②通过捐赠、投资、非货币性资产交换、债务重组等方式取得的生产性生物资产，以该资产的公允价值和支付的相关税费为计税基础。

6.4.2.2　生物资产的折旧方法和折旧年限

生产性生物资产按照直线法计算的折旧，准予扣除。企业应当自生产性生物资产投入使用月份的次月起计算折旧；停止使用的生产性生物资产，应当自停止使用月份的次月起停止计算折旧。

企业应当根据生产性生物资产的性质和使用情况，合理确定生产性生物资产的预计净残值。生产性生物资产的预计净残值一经确定，不得变更。

生产性生物资产计算折旧的最低年限如下：

①林木类生产性生物资产为 10 年。

②畜类生产性生物资产为 3 年。

6.4.3　无形资产的所得税处理

无形资产是指企业长期使用但没有实物形态的资产，包括专利权、商标权、著作权、土地使用权、非专利技术、商誉等。

6.4.3.1　无形资产的计税基础

①外购的无形资产，以购买价款和支付的相关税费及直接归属于使该资产达到预定用

途发生的其他支出为计税基础。

②自行开发的无形资产，以开发过程中该资产符合资本化条件后至达到预定用途前发生的支出为计税基础。

③通过捐赠、投资、非货币性资产交换、债务重组等方式取得的无形资产，以该资产的公允价值和支付的相关税费为计税基础。

6.4.3.2　无形资产摊销的范围

在计算应纳税所得额时，企业按照规定计算的无形资产摊销费用，准予扣除。下列无形资产不得计算摊销费用扣除：

①自行开发的支出已在计算应纳税所得额时扣除的无形资产。

②自创商誉。

③与经营活动无关的无形资产。

④其他不得计算摊销费用扣除的无形资产。

【重点提示】外购商誉的支出，在企业整体转让或者清算时准予扣除。

6.4.3.3　无形资产的摊销方法及年限

无形资产的摊销采取直线法计算，年限不得低于10年。作为投资或者受让的无形资产，有关法律规定或者合同约定了使用年限的，可以按照规定或者约定的使用年限分期摊销。

6.4.4　长期待摊费用的所得税处理

长期待摊费用是指企业发生的应在一个年度以上进行摊销的费用。企业发生的下列支出作为长期待摊费用，按照规定进行摊销，准予扣除。

①已足额提取折旧的固定资产的改建支出，按照固定资产预计尚可使用年限分期摊销。

②租入固定资产的改建支出，按照合同约定的剩余租赁期限分期摊销。

③固定资产的大修理支出，按照固定资产尚可使用年限分期摊销。

【重点提示】固定资产非大修理支出，可在发生当期直接扣除；其他的固定资产发生改建支出，延长使用年限的，应当适当延长折旧年限。

税法所指固定资产大修理支出，必须同时符合下列条件：

a. 修理支出达到取得固定资产时的计税基础50%以上；

b. 修理后固定资产的使用年限延长2年以上。

④其他应当作为长期待摊费用的支出，自支出发生的次月起，分期摊销，摊销年限不得低于3年。

6.4.5　存货的所得税处理

存货是指企业持有以备出售的产品或者商品、处在生产过程中的在产品、在生产或者提供劳务过程中耗用的材料和物料等。

6.4.5.1　存货的计税基础

存货按照以下方法确定成本：

①通过支付现金方式取得的存货，以购买价款和支付的相关税费为成本。

②通过支付现金以外的方式取得的存货，以该存货的公允价值和支付的相关税费为成本。

③生产性生物资产收获的农产品，以产出或者采收过程中发生的材料费、人工费和分摊的间接费用等必要支出为成本。

6.4.5.2 存货的成本计算方法

企业使用或者销售的存货的成本计算方法，可以在先进先出法、加权平均法、个别计价法中选用一种。成本计算方法一经选用，不得随意变更。

【重点提示】我国不允许使用后进先出法这种存货的成本计算方法。企业转让资产，该项资产的净值准予在计算企业应纳税所得额时扣除，其中，资产的净值是指有关资产、财产的计税基础减除已经按照规定扣除的折旧、折耗、摊销、准备金等后的余额。

6.5 企业所得税应纳税额计算

6.5.1 查账征收应交企业所得税的计算

居民企业以及在中国境内设立机构、场所且取得所得与该机构、场所有实际联系的非居民企业采用查账征收方式计算企业所得税时，采用下面基本计算公式：

应纳企业所得税＝应纳税所得额×适用税率－减免税额－抵免税额

在实际操作中，我国企业主要采用间接计算法，在会计利润总额的基础上通过调整确定应纳税所得额。

应纳税所得额＝会计利润总额±纳税调整项目金额

6.5.2 居民企业核定征收应交企业所得税的计算

6.5.2.1 核定征收企业所得税范围

居民企业纳税人具有下列情形之一的，核定征收企业所得税：

①依照法律、行政法规的规定可以不设置账簿的。

②依照法律、行政法规的规定应当设置但未设置账簿的。

③擅自销毁账簿或者拒不提供纳税资料的。

④虽设置账簿，但账目混乱或者成本资料、收入凭证、费用凭证残缺不全，难以查账的。

⑤发生纳税义务，未按照规定的期限办理纳税申报，经税务机关责令限期申报，逾期仍不申报的。

⑥申报的计税依据明显偏低，又无正当理由的。

【重点提示】上市公司、会计师事务所等特殊行业、特殊类型的纳税人和一定规模以上的纳税人不适用核定征收办法。

6.5.2.2 核定征收办法

税务机关应根据纳税人的具体情况，对核定征收企业所得税的纳税人，核定应税所得率或者核定应纳所得税额。

（1）具有下列情形之一的，核定其应税所得率

①能正确核算（查实）收入总额，但不能正确核算（查实）成本费用总额的。

②能正确核算（查实）成本费用总额，但不能正确核算（查实）收入总额的。

③通过合理方法，能计算和核定纳税人收入总额或成本费用总额的。

若纳税人不属于以上情形的，核定其应纳所得税额。

（2）税务机关采用下列方法核定征收企业所得税

①参照当地同类行业或者类似行业中经营规模和收入水平相近的纳税人的税负水平核定。

②按照应税收入额或成本费用支出额定率核定。

③按照耗用的原材料、燃料、动力等推算或测算核定。

④按照其他合理方法核定。

采用上述第①④项所列一种方法不足以正确核定应纳税所得额或应纳税额的，可以同时采用两种以上的方法核定。采用两种以上方法测算的应纳税额不一致时，可按测算的应纳税额从高核定。各行业应税所得率幅度见表6-2所列。

表6-2 各行业应税所得率幅度

行业	应税所得率
农、林、牧、渔业	3%~10%
制造业	5%~15%
批发和零售贸易业	4%~15%
交通运输业	7%~15%
建筑业	8%~20%
饮食业	8%~25%
娱乐业	15%~30%
其他行业	10%~30%

6.5.2.3 核定征收计算公式

采用应税所得率方式核定征收企业所得税的，应纳所得税额计算公式如下：

$$应纳所得税额=应纳税所得额×适用税率$$
$$应纳税所得额=应税收入额×应税所得率$$
$$或=成本（费用）支出额÷（1-应税所得率）×应税所得率$$

上述"应税收入额"等于收入总额减去不征税收入和免税收入后的余额。用公式表示为：

$$应税收入额=收入总额-不征税收入-免税收入$$

公式中，收入总额为企业以货币形式和非货币形式从各种来源取得的收入。

【重点提示】实行应税所得率方式核定征收企业所得税的纳税人，经营多业的，无论其经营项目是否单独核算，均由税务机关根据其主营项目确定适用的应税所得率。

6.5.3 境外所得抵免税额的计算

居民企业以及非居民企业在中国境内设立的机构、场所应在其应纳税额中抵免在境外

缴纳的所得税额，按以下规定执行：

①企业应计算下列当期与抵免境外所得税有关的项目后，确定当期实际可抵免分国别（地区）的境外所得税税额和抵免限额。

a. 境内所得的应纳税所得额（以下简称境内应纳税所得额）和分国别（地区）的境外所得的应纳税所得额（以下简称境外应纳税所得额）；

b. 分国别（地区）的可抵免境外所得税税额；

c. 分国别（地区）的境外所得税的抵免限额。

企业不能准确计算上述项目实际可抵免分国别（地区）的境外所得税税额的，在相应国家（地区）缴纳的税收均不得在该企业当期应纳税额中抵免，也不得结转以后年度抵免。

②企业应就其按照《企业所得税法实施条例》第七条规定确定的中国境外所得（境外税前所得），按以下规定计算《企业所得税法实施条例》第七十八条规定的境外应纳税所得额：

a. 居民企业在境外投资设立不具有独立纳税地位的分支机构，其来源于境外的所得，以境外收入总额扣除与取得境外收入有关的各项合理支出后的余额为应纳税所得额。各项收入、支出按《企业所得税法》及其实施条例的有关规定确定；

居民企业在境外设立不具有独立纳税地位的分支机构取得的各项境外所得，无论是否汇回中国境内，均应计入该企业所属纳税年度的境外应纳税所得额。

b. 居民企业应就其来源于境外的股息、红利等权益性投资收益，以及利息、租金、特许权使用费、转让财产等收入，扣除按照《企业所得税法》及其实施条例等规定计算的与取得该项收入有关的各项合理支出后的余额为应纳税所得额。来源于境外的股息、红利等权益性投资收益，应按被投资方做出利润分配决定的日期确认收入实现；来源于境外的利息、租金、特许权使用费、转让财产等收入，应按有关合同约定应付交易对价款的日期确认收入实现；

c. 非居民企业在境内设立机构、场所的，应就其发生在境外但与境内所设机构、场所有实际联系的各项应税所得，比照上述第②项的规定计算相应的应纳税所得额；

d. 在计算境外应纳税所得额时，企业为取得境内、境外所得而在境内、境外发生的共同支出，与取得境外应税所得有关的、合理的部分，应在境内、境外[分国别（地区），下同]应税所得之间，按照合理比例进行分摊后扣除；

e. 在汇总计算境外应纳税所得额时，企业在境外同一国家（地区）设立不具有独立纳税地位的分支机构，按照《企业所得税法》及其实施条例的有关规定计算的亏损，不得抵减其境内或他国（地区）的应纳税所得额，但可以用同一国家（地区）其他项目或以后年度的所得按规定弥补。

③可抵免境外所得税税额是指企业来源于中国境外的所得依照中国境外税收法律以及相关规定应当缴纳并已实际缴纳的企业所得税性质的税款。但不包括：

a. 按照境外所得税法律及相关规定属于错缴或错征的境外所得税税款；

b. 按照税收协定规定不应征收的境外所得税税款；

c. 因少缴或迟缴境外所得税而追加的利息、滞纳金或罚款；

d. 境外所得税纳税人或者其利害关系人从境外征税主体得到实际返还或补偿的境外所得税税款；

e. 按照我国《企业所得税法》及其实施条例规定，已经免征我国企业所得税的境外所

得负担的境外所得税税款;

f. 按照国务院财政、税务主管部门有关规定已经从企业境外应纳税所得额中扣除的境外所得税税款。

④企业应按照《企业所得税法》及其实施条例和有关规定分国别(地区)计算境外税额的抵免限额。

某国(地区)所得税抵免限额=中国境内、境外所得依照《企业所得税法》及其实施条例的规定计算的应纳税总额×来源于某国(地区)的应纳税所得额/中国境内、境外应纳税所得总额

上述公式中"中国境内、境外所得依照《企业所得税法》及其实施条例的规定计算的应纳税总额"的税率为25%,国务院财政、税务主管部门另有规定除外。

来源于境外的所得可以享受高新技术企业所得税优惠政策,即对来源于境外所得可以按照15%的优惠税率缴纳企业所得税,在计算境外抵免限额时,可按照15%的优惠税率计算境内外应纳税总额。

⑤在计算实际应抵免的境外已缴纳和间接负担的所得税税额时,企业在境外一国(地区)当年缴纳和间接负担的符合规定的所得税税额低于所计算的该国(地区)抵免限额的,应以该项税额作为境外所得税抵免额从企业应纳税总额中据实抵免;超过抵免限额的,当年应以抵免限额作为境外所得税抵免额进行抵免,超过抵免限额的余额允许从次年起在连续5个纳税年度内,用每年度抵免限额抵免当年应抵税额后的余额进行抵补。

⑥属于下列情形的,可以采取简易办法对境外所得已纳税额计算抵免。

a. 企业从境外取得营业利润所得以及符合境外税额间接抵免条件的股息所得,虽有所得来源国(地区)政府机关核发的具有纳税性质的凭证或证明,但因客观原因无法真实、准确地确认应当缴纳并已经实际缴纳的境外所得税税额的,除就该所得直接缴纳及间接负担的税额在所得来源国(地区)的实际有效税率低于我国《企业所得税法》第四条第一款规定税率的50%以上的外,可按境外应纳税所得额的12.5%作为抵免限额,企业按该国(地区)税务机关或政府机关核发具有纳税性质凭证或证明的金额,其不超过抵免限额的部分,准予抵免;超过的部分不得抵免;

b. 企业从境外取得营业利润所得以及符合境外税额间接抵免条件的股息所得,凡就该所得缴纳及间接负担的税额在所得来源国(地区)的法定税率且其实际有效税率明显高于我国的,可直接以按上述规定计算的境外应纳税所得额和我国《企业所得税法》规定的税率计算的抵免限额作为可抵免的已在境外实际缴纳的企业所得税税额。

⑦企业取得该规定以外的境外所得实际缴纳或间接负担的境外所得税,应在该项境外所得实现日所在的我国对应纳税年度的应纳税额中计算抵免。

⑧企业抵免境外所得税额后实际应纳所得税额的计算公式为:

企业实际应纳所得税额=企业境内外所得应纳税总额-企业所得税减免、抵免优惠税额-境外所得税抵免额

⑨上述所称不具有独立纳税地位,是指根据企业设立地法律不具有独立法人地位或者按照税收协定规定不认定为对方国家(地区)的税收居民。

⑩企业取得来源于中国香港、澳门、台湾的应税所得,参照上述规定执行。

6.6 企业所得税的纳税申报

6.6.1 纳税地点

①居民企业以企业登记注册地为纳税地点；但登记注册地在境外的，以实际管理机构所在地为纳税地点。

②居民企业在中国境内设立不具有法人资格的营业机构的，应当汇总计算并缴纳企业所得税。

③非居民企业在中国境内设立机构、场所的，应当就其所设机构、场所取得的来源于中国境内的所得，以及发生在中国境外但与其所设机构、场所有实际联系的所得，以机构、场所所在地为纳税地点。非居民企业在中国境内设立两个或者两个以上机构、场所，符合国务院税务主管部门规定条件的，可以选择由其主要机构、场所汇总缴纳企业所得税。

④非居民企业在中国境内未设立机构、场所，或者虽设立机构、场所但取得的所得与其所设机构、场所没有实际联系的，以扣缴义务人所在地为纳税地点。

6.6.2 征收方式

企业所得税的征收有查账征收和核定征收两种方式。对会计核算和管理符合税法要求的企业，采用查账征收方式。在查账征收方式下，凡是具有法人资格的企业都必须单独申报缴纳企业所得税(国务院另有规定的除外)，企业之间不得合并缴纳企业所得税。企业在进行所得税纳税申报时，应根据《企业所得税法》与《企业会计准则》在收入、成本费用确认和计量方面存在的差异，将利润表中的利润总额调整为应纳税所得额。

核定征收方式是按照公平、公正、公开原则，根据企业所得税纳税人的生产经营行业特点，综合考虑企业的地理位置、经营规模、收入水平、利润水平等因素，核定应纳税所得额或者应税所得率，从而确定应纳所得税额，或者直接核定应纳所得税额、具体的核定方法由主管税务机关审核确定。

实行查账征收企业所得税的居民纳税人在月(季)度预缴企业所得税时，应当填报《中华人民共和国企业所得税月(季)度预缴纳税申报表(A 类)》以及附表；实行核定征收管理办法缴纳企业所得税的纳税人在月(季)度预缴企业所得税时，应当填报《中华人民共和国企业所得税月(季)度和年度纳税申报表(B 类)》。实行查账征收企业所得税的居民纳税人在年度企业所得税汇算清缴时，应当填报《中华人民共利国企业所得税年度纳税申报表(A 类)》和《企业所得税度纳税申报表附表》。

6.6.3 纳税期限

企业所得税按纳税年度计算，分月或者分季预缴，年终汇算清缴，多退少补。

企业应当自月份或者季度终了之日起 15 日内，向税务机关报送企业所得税月(季)度预缴纳税申报表，预缴所得税税款。企业应当自年度终了之日起 5 个月内，向税务机关报送年度企业所得税纳税申报表，并汇算清缴，结清应缴应退税款，企业在年度中间终止经营活动的，应当自实际经营终了之日起 60 日内，向税务机关办理当期企业所得税汇算清缴。

预缴企业所得税时，企业应当按照月度或者季度的实际利润额预缴。"实际利润额"是按会计准则规定核算的利润总额加特定业务计算的应纳税所得额减去不征税收入和税基减免应纳税所得额、固定资产加速折旧(扣除)调减额以及以前年度待弥补亏损额。

按照月度或者季度的实际利润额预缴有困难的，可以按照上一纳税年度应纳税所得额的月度或者季度平均额预缴，或者按照经税务机关认可的其他方法预缴。预缴方法一经确定，该纳税年度内不得随意变更。

6.7 纳税申报实例

6.7.1 按季预缴申报

湖南省昌平酒业股份有限公司20××年1~3月，取得营业收入5800万元，发生营业成本4080万元，利润总额为1024万元。没有发生特定业务，也不存在以前年度未弥补亏损额，该公司每个季度按实际利润额预缴，公司全年季度平均资产总额8000万元，全年季度平均从业人数200人。根据资料填写《企业所得税月(季)度预缴纳税申报表》(表6-3)。

表6-3　中华人民共和国企业所得税月(季)度预缴纳税申报表(A类)

税款所属期间：　　　年 月 日至　　年 月 日

纳税人识别号(统一社会信用代码)：

纳税人名称：　　　　　　　　　　　　　　　　　　　　　　金额单位：元(列至角分)

优惠及附报事项有关信息									
项目	一季度		二季度		三季度		四季度		季度平均值
	季初	季末	季初	季末	季初	季末	季初	季末	
从业人数									
资产总额(万元)									
国家限制或禁止行业		□是　□否			小型微利企业				□是　□否
附报事项名称									金额或选项
事项1	(填写特定事项名称)								
事项2	(填写特定事项名称)								
	预缴税款计算								本年累计
1	营业收入								
2	营业成本								
3	利润总额								
4	加：特定业务计算的应纳税所得额								
5	减：不征税收入								
6	减：资产加速折旧、摊销(扣除)调减额(填写A201020)								
7	减：免税收入、减计收入、加计扣除(6.1+6.2+…)								
7.1	(填写优惠事项名称)								
7.2	(填写优惠事项名称)								
优惠及附报事项有关信息									

（续）

项目		一季度		二季度		三季度		四季度		季度平均值
		季初	季末	季初	季末	季初	季末	季初	季末	
从业人数										
资产总额(万元)										
国家限制或禁止行业		□是　□否				小型微利企业				□是　□否
附报事项名称										金额或选项
事项1		（填写特定事项名称）								
事项2		（填写特定事项名称）								
	预缴税款计算									本年累计
8	减：所得减免(6.1+6.2+…)									
8.1	（填写优惠事项名称）									
8.2	（填写优惠事项名称）									
9	减：弥补以前年度亏损									
10	实际利润额(3+4-5-6-7-8-9) \ 按照上一纳税年度应纳税所得额平均额确定的应纳税所得额									
11	税率(25%)									
12	应纳所得税额(10*11)									
13	减：减免所得税额(6.1+6.2+…)									
13.1	（填写优惠事项名称）									
13.2	（填写优惠事项名称）									
14	减：本年实际已缴纳所得税额									
15	减：特定业务预缴(征)所得税额									
16	本期应补(退)所得税额(12-13-14-15) \ 税务机关确定的本期应纳所得税额									
汇总纳税企业总分机构税款计算										
17	总机构	总机构本期分摊应补(退)所得税额(18+19+20)								
18		其中：总机构分摊应补(退)所得税额(16×总机构分摊比例＿＿＿%)								
19		财政集中分配应补(退)所得税额(16×财政集中分配比例＿＿＿%)								
20		总机构具有主体生产经营职能的部门分摊所得税额(16×全部分支机构分摊比例＿＿＿%×总机构具有主体生产经营职能部门分摊比例＿＿＿%)								
21	分支机构	分支机构本期分摊比例								
22		分支机构本期分摊应补(退)所得税额								
实际缴纳企业所得税计算										
23	减：民族自治地区企业所得税地方分享部分：□免征　□减征：减征幅度＿＿＿%				本年累计应减免金[(12-13-15)×40%×减征幅度]					
24	实际应补(退)所得税额									

谨声明：本纳税申报表是根据国家税收法律法规及相关规定填报的，是真实的、可靠的、完整的

纳税人(签章)：　　　年　月　日

经办人： 经办人身份证： 代理机构签章： 代理机构统一社会信用代码：	受理人： 受理税务机关(章)： 受理日期：　　年　月　日

6.7.2 年度汇算清缴

本节仍以湖南省昌平酒业股份有限公司为例，进行20××年度企业所得税年度汇算清缴。该公司无以前年度未弥补亏损，也无境外所得，本年累计实际已预缴的所得税额为2 072 357.41元，本年未进行股息、红利等权益性投资收益分配，全年业务数据资料如下：

（1）全年收入及利得账户记录（表6-4）。

表6-4　全年收入及利得账户记录

账户名称	金额（元）	备注
营业收入	239 489 500.00	来自销售商品的主营业务收入为238 467 480.00元；来自销售材料的其他业务收入为1 022 020.00元
公允价值变动损益	-6800.00	当年将一项交易性金融资产转让，其初始投资成本为640 100.00元，转让收入为682 000.00元，并且转让时已实现公允价值变动收益6800.00元
投资收益	141 900.00	当年实际取得国债利息收入100 000.00元；转让上述交易性金融资产，取得投资收益41 900.00元
营业外收入	622 500.00	当年出售无形资产（专利）取得净收益622 500.00元（不符合免税条件），该项无形资产的账面原值为1 000 000.00元，累计摊销为500 000.00元，其中本年度摊销100 000.00元，每年摊销100 000.00元，且不存在财税差异

（2）全年成本费用损失账户记录（表6-5）。

表6-5　全年成本费用损失账户记录

账户名称	金额（元）	备注
营业成本	157 940 830.65	销售商品的主营业务成本为157 088 300.65元；销售材料的其他业务成本为852 530.00元
税金及附加	9 150 000.00	
销售费用		具体明细见表5-6所列
管理费用		具体明细见表5-6所列
财务费用	981 080.48	佣金和手续费为28 086.86元，利息支出为70 021.62元（均符合税前扣除条件）
资产减值损失	1 310 000.00	其中：期末应收账款计提坏账准备为310 000.00元；其他资产计提减值准备为1 000 000.00元
营业外支出	1 033 000.00	全部为捐赠支出

（3）管理费用和销售费用明细账（表6-6）。

表6-6　管理费用和销售费用明细账

管理费用明细账		销售费用明细账	
办公费用	13 000 000.00	办公费用	1 201 000.00
董事会费	7 114 450.38	差旅费	6 630 910.17
差旅费	7 905 190.14	折旧	1 386 240.28

（续）

管理费用明细账		销售费用明细账	
职工薪酬	7 920 734.73	职工薪酬	7 572 701.16
其中：工资薪金	5 344 625.34	其中：工资薪金	5 109 784.86
职工福利费	587 908.78	职工福利费	562 076.34
职工工会经费	117 581.75	职工工会经费	112 415.26
职工教育经费	374 123.77	职工教育经费	357 684.94
职工基本社会保险费	1 496 495.09	职工基本社会保险费	1 430 739.76
折旧	3 052 860.77	广告、业务宣传费	16 026 700.94
无形资产摊销	500 000.00	其中：电视广播广告	12 500 000.00
		报刊广告	1 900 000.00
		其他媒体广告	1 202 070.94
		市场推广	424 630.00（农博会捐赠）
研发费用	2 800 000.00	合计	48 844 253.49
业务招待费	1 187 440.00		
相关税费	4 394 310.43	注：以前年度累计未扣除的广告费支出为 120 000.00 元	
其他费用	4 194 310.43		
合计	52 069 296.88		

说明：除烟草制造业以外的制造业企业开展研发活动中实际发生的研发费用，未形成无形资产计入当期损益的，在按规定据实扣除的基础上，自 2021 年 1 月 1 日起，再按照实际发生额的 100% 在税前加计扣除；形成无形资产的，自 2021 年 1 月 1 日起，按照无形资产成本的 200% 在税前摊销，本公司为酒类制造业。

（4）有关账户数据说明

①全年实际发放工资薪金 4 516 800.00 元（全部为合理的工资薪金支出）；全年实际发生福利费 496 848.00 元；全年发生工会经费 99 369.60 元；全年发生职工教育经费 316 176.00 元（全部为按税收规定比例扣除的职工教育经费）；全年发生职工基本社会保险费 1 264 704.00 元（未超过扣除标准，允许全额扣除）。

②会计账面上固定资产的原值（与原始的计税基础一致）：房屋建筑物为 10 428 167.55 元，机器设备为 10 570 000.00 元，电子设备为 8 796 433.90 元，固定资产无调整的价值。会计账面上年初累计折旧：房屋建筑物为 4 765 348.56 元，机器设备为 3 652 867.80 元，电子设备为 3 018 573.56 元；按税法要求的年初累计折旧：房屋建筑物为 4 714 083.80 元，机器设备为 3 602 000.00 元，电子设备为 2 898 216.95 元。

③全年会计上计提的固定资产折旧分别计入制造费用、管理费用和销售费用，其中：房屋建筑物计提折旧 1 490 382.37 元；机器设备计提折旧 1 465 286.78 元；电子设备计提折旧 889 286.78 元。

④因为税法规定折旧年限与会计上折旧年限的不同，全年按税法规定应计提的折旧为：房屋建筑物折旧 1 471 408.38 元，机器设备折旧 1 360 200.00 元，电子设备折旧 864 108.48 元。

⑤全年企业坏账准备账面期初余额为 1 250 000.00 元；本期收回前期已转销的坏账 100 000.00 元；企业按期末应收账款和其他应收款的余额的 2% 计提坏账准备，期末应收账款和其他应收款的余额合计 3 300 000.00 元（主管税务机关不批准税前扣除）。

⑥全年企业通过中国红十字会向灾区捐赠 980 000.00 元(税法规定可按不超过年度利润总额 12% 的部分准予扣除);直接给祁连小学捐赠 53 000.00 元。

⑦向湖南省第十届农业博览会组委会捐赠自产昌平白酒(30度)40箱,不含税单价为 400.00 元/箱;昌平白酒(40度)30箱,不含税单价为 430.00 元/箱;昌平白酒(50度)30 箱,不含税单价为 500.00 元/箱;昌平保健酒 20 箱,不含税单价为 300.00 元/箱。商品市场价值总计 49 900.00 元(不含税价),成本为 24 000.00 元,会计上计入销售费用,税法也认可作为市场推广支出,计入销售费用。

⑧技术开发费用为本年度开发药酒新产品而发生的费用(研发活动直接消耗的材料、燃料和动力费用分别为 200 000.00 元、50 000.00 元、30 000.00 元),共计 280 000.00 元,尚未形成无形资产,会计上计入当期损益(符合加计扣除条件)。

(5)填写和审核企业所得税年度纳税申报表主表及相应附表进行年度汇算清缴(表 6-7 至表 6-17 部分表略)。

表 6-7 中华人民共和国企业所得税年度纳税申报表(A 类)

税款所属期间: 年 月 日至 年 月 日

纳税人识别号:

(统一社会信用代码)

纳税人名称:

金额单位:人民币元(列至角分)

谨声明:本纳税申报表是根据国家税收法律法规及相关规定填报的,是真实的、可靠的、完整的。

纳税人(签章): 年 月 日

经办人:	受理人:
经办人身份证号:	受理税务机关(章):
代理机构签章:	受理日期: 年 月 日

国家税务总局监制

表 6-8 A100000 中华人民共和国企业所得税年度纳税申报表(A 类)

行次	类别	项目	金额
1		一、营业收入(填写 A101010 \ 101020 \ 103000)	
2		减:营业成本(填写 A102010 \ 102020 \ 103000)	
3		减:税金及附加	
4		减:销售费用(填写 A104000)	
5		减:管理费用(填写 A104000)	
6	利润总额计算	减:财务费用(填写 A104000)	
7		减:资产减值损失	
8		加:公允价值变动收益	
9		加:投资收益	
10		二、营业利润(1-2-3-4-5-6-7+8+9)	
11		加:营业外收入(填写 A101010 \ 101020 \ 103000)	
12		减:营业外支出(填写 A102010 \ 102020 \ 103000)	
13		三、利润总额(10+11-12)	

（续）

行次	类别	项目	金额
14	应纳税所得额计算	减：境外所得（填写 A108010）	
15		加：纳税调整增加额（填写 A105000）	
16		减：纳税调整减少额（填写 A105000）	
17		减：免税、减计收入及加计扣除（填写 A107010）	
18		加：境外应税所得抵减境内亏损（填写 A108000）	
19		四、纳税调整后所得（13-14+15-16-17+18）	
20		减：所得减免（填写 A107020）	
21		减：弥补以前年度亏损（填写 A106000）	
22		减：抵扣应纳税所得额（填写 A107030）	
23		五、应纳税所得额（19-20-21-22）	
24	应纳税额计算	税率（25%）	
25		六、应纳所得税额（23×24）	
26		减：减免所得税额（填写 A107040）	
27		减：抵免所得税额（填写 A107050）	
28		七、应纳税额（25-26-27）	
29		加：境外所得应纳所得税额（填写 A108000）	
30		减：境外所得抵免所得税额（填写 A108000）	
31		八、实际应纳所得税额（28+29-30）	
32		减：本年累计实际已预缴的所得税额	
33		九、本年应补（退）所得税额（31-32）	
34		其中：总机构分摊本年应补（退）所得税额（填写 A109000）	
35		财政集中分配本年应补（退）所得税额（填写 A109000）	
36		总机构主体生产经营部门分摊本年应补（退）所得税额（填写 A109000）	
37		减：民族自治地区企业所得税地方分享部分：（□免征□减征；减征幅度____%）	
38		本年实际应补（退）所得税额（33-37）	

表 6-9　A104000 期间费用明细表

行次	项目	销售费用	其中：境外支付	管理费用	其中：境外支付	财务费用	其中：境外支付
		1	2	3	4	5	6
1	一、职工薪酬		*		*	*	*
2	二、劳务费					*	*
3	三、咨询顾问费					*	*
4	四、业务招待费		*		*	*	*
5	五、广告费和业务宣传费		*		*	*	*
6	六、佣金和手续费						

（续）

行次	项目	销售费用	其中：境外支付	管理费用	其中：境外支付	财务费用	其中：境外支付
		1	2	3	4	5	6
7	七、资产折旧摊销费		*		*	*	*
8	八、财产损耗、盘亏及毁损损失		*		*	*	*
9	九、办公费		*		*	*	*
10	十、董事会费		*		*	*	*
11	十一、租赁费					*	*
12	十二、诉讼费		*		*	*	*
13	十三、差旅费		*		*	*	*
14	十四、保险费		*		*	*	*
15	十五、运输、仓储费					*	*
16	十六、修理费					*	*
17	十七、包装费		*		*	*	*
18	十八、技术转让费					*	*
19	十九、研究费用					*	*
20	二十、各项税费		*		*	*	*
21	二十一、利息收支	*	*	*	*		
22	二十二、汇兑差额	*	*	*	*		
23	二十三、现金折扣	*	*	*	*		*
24	二十四、党组织工作经费	*	*		*	*	*
25	二十五、其他						
26	合计(1+2+3+…+25)						

表 6-10　A105000 纳税调整项目明细表

行次	项目	账载金额	税收金额	调增金额	调减金额
		1	2	3	4
1	一、收入类调整项目(2+3+…+8+10+11)	*	*		
2	(一)视同销售收入(填写 A105010)	*			*
3	(二)未按权责发生制原则确认的收入(填写 A105020)				
4	(三)投资收益(填写 A105030)				
5	(四)按权益法核算长期股权投资对初始投资成本调整确认收益	*	*	*	
6	(五)交易性金融资产初始投资调整	*	*		*

（续）

行次	项目	账载金额	税收金额	调增金额	调减金额
		1	2	3	4
7	（六）公允价值变动净损益		*		
8	（七）不征税收入	*	*		
9	其中：专项用途财政性资金（填写 A105040）	*	*		
10	（八）销售折扣、折让和退回				
11	（九）其他				
12	二、扣除类调整项目（13＋14＋…＋24＋26＋27＋28＋29＋30）	*	*		
13	（一）视同销售成本（填写 A105010）	*		*	
14	（二）职工薪酬（填写 A105050）				
15	（三）业务招待费支出				*
16	（四）广告费和业务宣传费支出（填写 A105060）	*	*		
17	（五）捐赠支出（填写 A105070）				
18	（六）利息支出				
19	（七）罚金、罚款和被没收财物的损失		*		*
20	（八）税收滞纳金、加收利息		*		*
21	（九）赞助支出		*		*
22	（十）与未实现融资收益相关在当期确认的财务费用				
23	（十一）佣金和手续费支出				*
24	（十二）不征税收入用于支出所形成的费用	*	*		*
25	其中：专项用途财政性资金用于支出所形成的费用（填写 A105040）	*	*		*
26	（十三）跨期扣除项目				
27	（十四）与取得收入无关的支出		*		*
28	（十五）境外所得分摊的共同支出	*	*		*
29	（十六）党组织工作经费				
30	（十七）其他				
31	三、资产类调整项目（32＋33＋34＋35）	*	*		
32	（一）资产折旧、摊销（填写 A105080）				
33	（二）资产减值准备金		*		
34	（三）资产损失（填写 A105090）	*	*		

（续）

行次	项目	账载金额	税收金额	调增金额	调减金额
		1	2	3	4
35	（四）其他				
36	四、特殊事项调整项目（37+38+…+43）	*	*		
37	（一）企业重组及递延纳税事项（填写A105100）				
38	（二）政策性搬迁（填写A105110）	*	*		
39	（三）特殊行业准备金（39.1+39.2+39.4+39.5+39.6+39.7）	*	*		
39.1	1. 保险公司保险保障基金				
39.2	2. 保险公司准备金				
39.3	其中：已发生未报案未决赔款准备金				
39.4	3. 证券行业准备金				
39.5	4. 期货行业准备金				
39.6	5. 中小企业融资（信用）担保机构准备金				
39.7	6. 金融企业、小额贷款公司准备金（填写A105120）	*	*		
40	（四）房地产开发企业特定业务计算的纳税调整额（填写A105010）	*			
41	（五）合伙企业法人合伙方应分得的立纳税所得额				
42	（六）发行永续债利息支出				
43	（七）其他	*	*		
44	五、特别纳税调整应税所得	*	*		
45	六、其他	*	*		
46	合计（1+12+31+36+44+45）	*	*		

表6-11　**A105010 视同销售和房地产开发企业特定业务纳税调整明细表**

行次	项目	税收金额	纳税调整金额
		1	2
1	一、视同销售（营业）收入（2+3+4+5+6+7+8+9+10）		
2	（一）非货币性资产交换视同销售收入		
3	（二）用于市场推广或销售视同销售收入		
4	（三）用于交际应酬视同销售收入		
5	（四）用于职工奖励或福利视同销售收入		
6	（五）用于股息分配视同销售收入		

（续）

行次	项目	税收金额	纳税调整金额
		1	2
7	（六）用于对外捐赠视同销售收入		
8	（七）用于对外投资项目视同销售收入		
9	（八）提供劳务视同销售收入		
10	（九）其他		
11	二、视同销售（营业）成本（12+13+14+15+16+17+18+19+20）		
12	（一）非货币性资产交换视同销售成本		
13	（二）用于市场推广或销售视同销售成本		
14	（三）用于交际应酬视同销售成本		
15	（四）用于职工奖励或福利视同销售成本		
16	（五）用于股息分配视同销售成本		
17	（六）用于对外捐赠视同销售成本		
18	（七）用于对外投资项目视同销售成本		
19	（八）提供劳务视同销售成本		
20	（九）其他		
21	三、房地产开发企业特定业务计算的纳税调整额（22-26）		
22	（一）房地产企业销售未完工开发产品特定业务计算的纳税调整额（24-25）		
23	1. 销售未完工产品的收入		4
24	2. 销售未完工产品预计毛利额		
25	3. 实际发生的税金及附加、土地增值税		
26	（二）房地产企业销售的未完工产品转完工产品特定业务计算的纳税调整额（28-29）		
27	1. 销售未完工产品转完工产品确认的销售收入		4
28	2. 转回的销售未完工产品预计毛利额		
29	3. 转回实际发生的税金及附加、土地增值税		

表6-12　A105050 职工薪酬支出及纳税调整明细表

行次	项目	账载金额	实际发生额	税收规定扣除率	以前年度累计结转扣除额	税收金额	纳税调整金额	累计结转以后年度扣除额
		1	2	3	4	5	6（1-5）	7（2+4-5）
1	一、工资薪金支出			*	*			*
2	其中：股权激励			*	*			*
3	二、职工福利费支出				*			*
4	三、职工教育经费支出			*				

（续）

行次	项目	账套金额	实际发生额	税收规定扣除率	以前年度累计结转扣除额	税收金额	纳税调整金额	累计结转以后年度扣除额
		1	2	3	4	5	6(1-5)	7(2+4-5)
5	其中：1. 按税收规定比例扣除的职工教育经费							
6	2. 按税收规定全额扣除的职工培训费用				*			*
7	四、工会经费支出				*			*
8	五、各类基本社会保障性缴款			*	*			*
9	六、住房公积金			*	*			*
10	七、补充养老保险				*			*
11	八、补充医疗保险				*			*
12	九、其他			*	*			*
13	合计得(1+3+4+7+8+9+10+11+12)		*					

表6-13　A105060 广告费和业务宣传费跨年度纳税调整明细表

行次	项目	广告费和业务宣传费	保险企业手续费及佣金支出
		1	2
1	一、本年支出		
2	减：不允许扣除的支出		
3	二、本年符合条件的支出(1-2)		
4	三、本年计算扣除限额的基数		
5	乘：税收规定扣除率		
6	四、本企业计算的扣除限额(4×5)		
7	五、本年结转以后年度扣除额(3>6，本行=3-6；3≤6，本行=0)		
8	加：以前年度累计结转扣除额		
9	减：本年扣除的以前年度结转额[3>6，本行=0；3≤6，本行=8与(6-3)孰小值]		
10	六、按照分摊协议归集至其他关联方的金额(10≤3与6孰小值)		*
11	按照分摊协议从其他关联方归集至本企业的金额		*
12	七、本年支出纳税调整金额(3>6，本行=2+3-6+10-11；3≤6，本行=2+10-11-9)		
13	八、累计结转以后年度扣除额(7+8-9)		

表 6-14　A105070 捐赠支出及纳税调整明细表

行次	项目	账载金额	以前年度结转可扣除的捐赠额	按税收规定计算的扣除限额	税收金额	纳税调增金额	纳税调减金额	可结转以后年度扣除的捐赠额
		1	2	3	4	5	6	7
1	一、非公益性捐赠		*	*	*		*	*
2	二、限额扣除的公益性捐赠(3+4+5+6)							
3	前三年度(　　年)	*		*	*	*		*
4	前二年度(　　年)	*		*	*	*		
5	前一年度(　　年)	*		*	*	*		
6	本年(　　年)		*				*	
7	三、全额扣除的公益性捐赠		*	*		*	*	*
8	1.		*	*		*	*	*
9	2.		*	*		*	*	*
10	3.		*	*		*	*	*
11	合计(1+2+7)							
附列资料	2015 年度至本年发生的公益性扶贫捐赠合计金额		*	*		*	*	*

表 6-15　A107010 免税、减计收入及加计扣除优惠明细表

行次	项目	金额
1	一、免税收入(2+3+9+…+16)	
2	(一)国债利息收入免征企业所得税	
3	(二)符合条件的居民企业之间的股息、红利等权益性投资收益免征企业所得税(4+5+6+7+8)	
4	1. 一般股息红利等权益性投资收益免征企业所得税(填写 A107011)	
5	2. 内地居民企业通过沪港通投资且连续持有 H 股满 12 个月取得的股息红利所得免征企业所得税(填写 A107011)	
6	3. 内地居民企业通过深港通投资且连续持有 H 股满 12 个月取得的股息红利所得免征企业所得税(填写 A107011)	
7	4. 居民企业持有创新企业 CDR 取得的股息红利所得免征企业所得税(填写 A107011)	
8	5. 符合条件的永续债利息收入免征企业所得税(填写 A107011)	

（续）

行次	项目	金额
9	（三）符合条件的非营利组织的收入免征企业所得税	
10	（四）中国清洁发展机制基金取得的收入免征企业所得税	
11	（五）投资者从证券投资基金分配中取得的收入免征企业所得税	
12	（六）取得的地方政府债券利息收入免征企业所得税	
13	（七）中国保险保障基金有限责任公司取得的保险保障基金等收入免征企业所得税	
14	（八）中国奥委会取得北京冬奥组委支付的收入免征企业所得税	
15	（九）中国残奥委会取得北京冬奥组委分期支付的收入免征企业所得税	
16	（十）其他	
17	二、减计收入（18+19+23+24）	
18	（一）综合利用资源生产产品取得的收入在计算应纳税所得额时减计收入	
19	（二）金融、保险等机构取得的涉农利息、保费减计收入（20+21+22）	
20	1. 金融机构取得的涉农贷款利息收入在计算应纳税所得额时减计收入	
21	2. 保险机构取得的涉农保费收入在计算应纳税所得额时减计收入	
22	3. 小额贷款公司取得的农户小额贷款利息收入在计算应纳税所得额时减计收入	
23	（三）取得铁路债券利息收入减半征收企业所得税	
24	（四）其他（24.1+24.2）	
24.1	1. 取得的社区家庭服务收入在计算应纳税所得额时减计收入	
24.2	2. 其他	
25	三、加计扣除（26+27+28+29+30）	
26	（一）开发新技术、新产品、新工艺发生的研究开发费用加计扣除（填写 A107012）	
27	（二）科技型中小企业开发新技术、新产品、新工艺发生的研究开发费用加计扣除（填写 A107012）	
28	（三）企业为获得创新性、创意性、突破性的产品进行创意设计活动而发生的相关费用加计扣除（加计扣除比例_____%）	
29	（四）安置残疾人员所支付的工资加计扣除	
30	（五）其他	
31	合计（1+17+25）	

表6-16　A105080 资产折旧、摊销及纳税调整明细表

行次	项目	账载金额			税收金额					纳税调整金额
		资产原值	本年折旧、摊销额	累计折旧、摊销额	资产计税基础	税收折旧、摊销额	享受加速折旧政策的资产按税收一般规定计算的折旧、摊销额	加速折旧、摊销统计额	累计折旧、摊销额	
		1	2	3	4	5	6	7=5-6	8	9(2-5)
1	一、固定资产(2+3+4+5+6+7)						*			
2	(一)房屋、建筑物						*	*		
3	(二)飞机、火车、轮船、机器、机械和其他生产设备						*	*		
4	(三)与生产经营活动有关的器具、工具、家具等						*	*		
5	(四)飞机、火车、轮船以外的运输工具						*	*		
6	(五)电子设备						*	*		
7	(六)其他						*	*		
8	其中：享受固定资产加速折旧及一次性扣除政策的资产加速折旧额大于一般折旧额的部分　(一)重要行业固定资产加速折旧(不含一次性扣除)									*
9	(二)其他行业研发设备加速折旧									*
10	(三)特定地区企业固定资产加速折旧(10.1+10.2)									*
10.1	1.海南自由贸易港企业固定资产加速折旧									*
10.2	2.其他特定地区企业固定资产加速折旧									*

（续）

行次	项目	账载金额			资产计税基础	税收金额				纳税调整金额
		资产原值	本年折旧、摊销额	累计折旧、摊销额		税收折旧、摊销额	享受加速折旧政策的资产按税收一般规定计算的折旧、摊销额	加速折旧、摊销统计额	累计折旧、摊销额	9(2-5)
		1	2	3	4	5	6	7=5-6	8	
11	（四）50万元以下设备器具一次性扣除									*
12	（五）疫情防控重点保障物资生产企业单价500万元以上设备一次性扣除									*
13	其中：享受固定资产加速折旧政策的资产 （六）特定地区企业固定资产一次性扣除（13.1+13.2）									*
13.1	1.海南自由贸易港固定资产一次性扣除									*
13.2	2.其他特定地区企业固定资产一次性扣除									*
14	加速折旧额大于一般折旧额的部分 （七）技术进步、更新换代固定资产加速折旧									*
15	（八）常年强震动、高腐蚀固定资产加速折旧									*
16	（九）外购软件加速折旧									*
17	（十）集成电路企业生产设备加速折旧									*
18	二、生产性生物资产（19+20）						*	*		

（续）

行次	项目	账载金额			税收金额					纳税调整金额
		资产原值	本年折旧、摊销额	累计折旧、摊销额	资产计税基础	税收折旧、摊销额	享受加速折旧政策的资产按税收一般规定计算的折旧、摊销额	加速折旧、摊销统计额	累计折旧、摊销额	
		1	2	3	4	5	6	7=5-6	8	9(2-5)
19	（一）林木类						*	*		
20	（二）畜类						*	*		
21	三、无形资产（2+23+24+25+26+27+28+29）						*	*		
22	（一）专利权						*	*		
23	（二）商标权						*	*		
24	（三）著作权						*	*		
25	（四）土地使用权						*	*		
26	（五）非专利技术						*	*		
27	（六）特许权使用费						*	*		
28	（七）软件						*	*		
29	（八）其他						*	*		
30	其中：享受无形资产加速摊销政策的资产摊销大于一般摊销额的部分　（一）企业外购软件加速摊销						*	*		*
31	（二）特定地区企业无形资产加速摊销（31.1+31.2）									*
31.1	1.海南自由贸易港企业无形资产加速摊销									*
31.2	2.其他特定地区企业无形资产加速摊销									*

（续）

行次	项目	账载金额			资产计税基础	税收金额				纳税调整金额
		资产原值	本年折旧、摊销额	累计折旧、摊销额		税收折旧、摊销额	享受加速折旧政策的资产按税收一般规定计算的折旧、摊销额	加速折旧、摊销统计额	累计折旧、摊销额	
		1	2	3	4	5	6	7=5-6	8	9(2-5)
32	其中：享受无形资产加速摊销政策的资产一次性摊销及一次性摊销额大于一般摊销额加速摊销的部分 （三）特定地区企业无形资产一次性摊销（32.1+32.2）									*
32.1	1.海南自由贸易港企业无形资产一次性摊销									*
32.2	2.其他特定地区企业无形资产一次性摊销									*
33	四、长期待摊费用（34+35+36+37+38）						*	*		
34	（一）已足额提取折旧的固定资产的改建支出						*	*		
35	（二）租入固定资产的改建支出						*	*		
36	（三）固定资产的大修理支出						*	*		
37	（四）开办费						*	*		
38	（五）其他						*	*		
39	五、油气勘探投资						*	*		
40	六、油气开发投资						*	*		
41	合计（1+18+21+33+39+40）						*			
附列资料	全民所有制企业公司制改制资产评估增值政策资料									

表 6-17　A107012 研发费用加计扣除优惠明细表

行次	项目	金额（数量）
1	本年可享受研发费用加计扣除项目数量	
2	一、自主研发、合作研发、集中研发（3+7+16+19+23+34）	
3	（一）人员人工费用（4+5+6）	
4	1. 直接从事研发活动人员工资薪金	
5	2. 直接从事研发活动人员五险一金	
6	3. 外聘研发人员的劳务费用	
7	（二）直接投入费用（8+9+10+11+12+13+14+15）	
8	1. 研发活动直接消耗材料费用	
9	2. 研发活动直接消耗燃料费用	
10	3. 研发活动直接消耗动力费用	
11	4. 用于中间试验和产品试制的模具、工艺装备开发及制造费	
12	5. 用于不构成固定资产的样品、样机及一般测试手段购置费	
13	6. 用于试制产品的检验费	
14	7. 用于研发活动的仪器、设备的运行维护、调整、检验、维修等费用	
15	8. 通过经营租赁方式租入的用于研发活动的仪器、设备租赁费	
16	（三）折旧费用（17+18）	
17	1. 用于研发活动的仪器的折旧费	
18	2. 用于研发活动的设备的折旧费	
19	（四）无形资产摊销（20+21+22）	
20	1. 用于研发活动的软件的摊销费用	
21	2. 用于研发活动的专利权的摊销费用	
22	3. 用于研发活动的非专利技术（包括许可证、专有技术、设计和计算方法等）的摊销费用	
23	（五）新产品设计费等（24+25+26+27）	
24	1. 新产品设计费	
25	2. 新工艺规程制定费	
26	3. 新药研制的临床试验费	
27	4. 勘探开发技术的现场试验费	
28	（六）其他相关费用（29+30+31+32+33）	
29	1. 技术图书资料费、资料翻译费、专家咨询费、高新科技研发保险费	
30	2. 研发成果的检索、分析、评议、论证、鉴定、评审、评估、验收费用	
31	3. 知识产权的申请费、注册费、代理费	
32	4. 职工福利费、补充养老保险费、补充医疗保险费	
33	5. 差旅费、会议费	
34	（七）经限额调整后的其他相关费用	
35	二、委托研发（36+37+39）	
36	（一）委托境内机构或个人进行研发活动所发生的费用	

（续）

行次	项目	金额（数量）
37	（二）委托境外机构进行研发活动发生的费用	
38	其中：允许加计扣除的委托境外机构进行研发活动发生的费用	
39	（三）委托境外个人进行研发活动发生的费用	
40	三、年度研发费用小计（2+36×80%+38）	
41	（一）本年费用化金额	
42	（二）本年资本化金额	
43	四、本年形成无形资产摊销额	
44	五、以前年度形成无形资产本年摊销额	
45	六、允许扣除的研发费用合计（41+43+44）	
46	减：特殊收入部分	
47	七、允许扣除的研发费用抵减特殊收入后的金额（45-46）	
48	减：当年销售研发活动直接形成产品（包括组成部分）对应的材料部分	
49	减减：以前年度销售研发活动直接形成产品（包括组成部分）对应材料部分结转金额	
50	八、加计扣除比例（%）	
51	九、本年研发费用加计扣除总额（47-48-49）×50	
52	十、销售研发活动直接形成产品（包括组成部分）对应材料部分结转以后年度扣减金额（当47-48-49≥0，本行=0；当47-48-49<0，本行=47-48-49的绝对值）	

第7章 个人所得税

 学习目标

1. 能界定个人所得税纳税人，能判断哪些业务应当缴纳个人所得税。
2. 能准确选择个人所得税适用税率。
3. 能运用个人所得税优惠政策进行税务筹划。
4. 能根据相关业务资料计算工资薪金所得、劳务报酬所得、稿酬所得、特许权使用费所得(统称为综合所得)的应纳税额，经营所得的应纳税额，财产租赁所得的应纳税额，财产转让所得的应纳税额，利息、股息、红利所得的应纳税额，偶然所得的应纳税额，以及个人所得税几种特殊情况的应纳税额。
5. 能确定个人所得税的纳税义务发生时间、纳税期限和纳税地点。

7.1 基本知识

7.1.1 概 念

个人所得税是指以个人的各项应税所得为征税对象所征收的一种税。狭义的个人所得，仅限于每年经常、反复发生的所得。广义的个人所得，是指个人在一定期间内，通过各种方式所获得的一切利益。

7.1.2 特 点

(1)实行混合征收

我国现行个人所得税采用混合征收制，将个人取得的应税所得划分为9类，个人的工资、薪金所得，劳务报酬所得，稿酬所得和特许权使用费所得采用综合征收，除这些之外的其他各项所得采用分类征收。

(2)累进税率与固定比例税率并用

目前我国对综合所得、经营所得采用超额累进税率，对其他各项应税所得采用固定比例税率。

(3)费用扣除额较宽

各国的个人所得税均有费用扣除的规定，只是扣除的方法及额度不尽相同。我国本着费用扣除从宽、从简的原则，采用费用定额扣除、定率扣除和核算扣除等方法。

(4)采取源泉扣缴和自行申报纳税两种征纳方法

凡是可以在应税所得的支付环节扣缴个人所得税的，均由扣缴义务人履行代扣代缴义

务；没有扣缴义务人的，以及取得综合所得需要办理汇算清缴的，由纳税人自行申报和年终汇算清缴，对其他不便于扣缴税款的，规定由纳税人自行申报纳税。

7.2　个人所得税税制要素

7.2.1　纳税人与扣缴义务人

7.2.1.1　个人所得税纳税人

个人所得税的纳税人具体包括中国公民(含香港、澳门、台湾同胞)、个体工商户、个人独资企业和合伙企业投资者、在中国有所得的外籍人员(包括无国籍人员，下同)和香港、澳门、台湾同胞。在我国，依据住所和居住时间两个标准，将个人所得税的纳税人分为居民个人，非居民个人两大类，各自承担不同的纳税义务。

(1)居民个人

在中国境内有住所，或者无住所而一个纳税年度内在中国境内居住累计满183天的个人，为居民个人。居民个人应就其来源于中国境内和境外的所得依法缴纳个人所得税。

(2)非居民个人

在中国境内无住所又不居住，或者无住所而一个纳税年度内在中国境内居住累计不满183天的个人，为非居民个人。非居民个人从中国境内取得的所得，缴纳个人所得税。非居民个人只就其来源于中国境内的所得，依法缴纳个人所得税。其中，在中国境内无住所。

【重点提示】在一个纳税年度内在中国境内居住累计不超过90天的个人，其来源于中国境内的所得，由境外雇主支付并且不由该雇主在中国境内的机构、场所负担的部分，免予缴纳个人所得税。

7.2.1.2　个人所得税扣缴义务人

我国实行个人所得税代扣代缴和个人自行申报纳税相结合的征收管理制度。个人所得税以支付所得的单位或者个人为扣缴义务人。

【重点提示】对扣缴义务人按照所扣缴的税款，税务机关应付给2%的手续费。不包括税务机关、司法机关等查补或者责令补扣的税款。

7.2.2　征税对象

个人所得税的征税对象是个人取得的应税所得。征税的个人所得共有9项。

7.2.2.1　工资、薪金所得

工资、薪金所得是指个人因任职或者受雇而取得的工资、奖金、劳动分红、补贴以及与任职或者受雇有关的其他所得。

除工资、薪金以外，奖金、年终加薪、劳动分红、津贴、补贴也被确定为"工资、薪金"的范畴，但如下津贴、补贴项目除外：①独生子女补贴；②执行公务员工资制度未纳入基本工资总额的补贴、津贴差额和家属成员的副食品补贴；③托儿补助费；④差旅费津贴、误餐补助。其中，误餐补助是指按照财政部门规定，个人因公在城区、郊区工作，不能在工作单位或返回就餐，确实需要在外就餐的，根据实际误餐顿数，按规定的标准领取的误餐费。

7.2.2.2 劳务报酬所得

劳务报酬所得是指个人从事劳务取得的所得。包括从事设计、装潢、安装、制图、化验、测试、医疗、法律、会计、咨询、讲学、翻译、审稿、书画、雕刻、影视、录音、录像、演出、表演、广告、展览、技术服务、介绍服务、经纪服务、代办服务以及其他劳务取得的所得。

7.2.2.3 稿酬所得

稿酬所得是指个人因其作品以图书、报刊等形式出版、发表而取得的所得。

【**重点提示**】作者去世后，财产继承人取得的遗作稿酬，按"稿酬所得"项目征收个人所得税。

对报纸、杂志、出版等单位的职员在本单位的刊物上发表作品、出版图书取得所得征税的问题明确如下：

①任职、受雇于报纸、杂志等单位的记者、编辑等专业人员，因在本单位的报纸、杂志上发表作品取得的所得，属于因任职、受雇而取得的所得，应与其当月工资收入合并，按"工资、薪金所得"项目征收个人所得税。

【**重点提示**】除上述专业人员以外，其他人员在本单位的报纸、杂志上发表作品取得的所得，应按"稿酬所得"项目征收个人所得税。

②出版社的专业作者撰写、编写或翻译的作品，由本社以图书形式出版而取得的稿费税收入，应按"稿酬所得"项目征收个人所得税。

7.2.2.4 特许权使用费所得

特许权使用费所得是指个人提供专利权、商标权、著作权、非专利技术以及其他特许权的使用权取得的所得；提供著作权的使用权取得的所得，不包括稿酬所得。主要涉及以下4种：

①专利权。专利权是指由国家专利主管机关依法授予专利申请人在一定的时期内对某项发明创造享有的专有利用的权利，具有专有性、地域性、时间性。

②商标权。商标权是指商标注册人依法律规定而取得的对其注册商标在核定商品上的独占使用权。

③著作权。著作权即版权是指作者对其创作的文学、科学和艺术作品依法享有的某些特殊权利。主要包括发表权、署名权、修改权、保护权、使用权和获得报酬权。

④非专利技术。非专利技术即专利技术以外的专有技术。

7.2.2.5 经营所得

①经营所得指从事生产、经营活动的个人取得经营所得。

a. 个体工商户从事生产、经营活动取得的所得，个人独资企业投资人、合伙企业的个人合伙人来源于境内注册的个人独资企业、合伙企业生产、经营的所得；

b. 个人依法从事办学、医疗、咨询以及其他有偿服务活动取得的所得；

c. 个人对企业、事业单位承包经营、承租经营以及转包、转租取得的所得；

d. 个人从事其他生产、经营活动取得的所得。

②个人取得的下列收入或所得，比照"个体工商户的生产、经营所得"项目计征个人所得税。

a. 从事个体出租车运营取得的收入；

b. 出租车属个人所有，但挂靠出租汽车经营单位或企事业单位，驾驶员向挂靠单位缴纳管理费的，或出租汽车经营单位将出租车所有权转移给驾驶员的，出租车驾驶员从事客货运营取得的收入；

【重点提示】出租汽车经营单位对出租车驾驶员采取单车承包或承租方式运营，出租车驾驶员从事客运取得的收入，按工资、薪金所得项目征收个人所得税。

c. 个人从事彩票代销业务而取得的所得；

d. 个人独资企业、合伙企业的个人投资者以企业资金为本人、家庭成员及其相关人员支付与企业生产经营无关的消费性支出及购买汽车、住房等财产性支出，视为企业对个人投资者利润分配，并入投资者个人的生产经营所得，依照"个体工商户的生产、经营所得"项目计征个人所得税。

③个体工商户或个人专营种植业、养殖业、饲养业、捕捞业，不征收个人所得税。不属于原农业税、牧业税征税范围的，应对其所得计征个人所得税。同时对进入各类市场销售自产农产品的农民取得的所得暂不征收个人所得税。

④个体工商户和从事生产、经营的个人，取得与生产、经营活动无关的其他各项应税所得，应分别按照有关规定计征个人所得税。如对外投资取得的股息所得，应按"利息、股息、红利所得"税目单独计征个人所得税。

7.2.2.6 利息、股息、红利所得

利息、股息、红利所得是指个人拥有债权、股权而取得的利息、股息、红利所得。在储蓄机构开设专门账户取得的利息。个人在银行及其他储蓄机构开设的用于支付电话、水、电、煤气等有关费用，或者用于购买股票等方面的投资、生产经营业务往来结算以及其他用途的资金账户孳生的利息，属于储蓄存款利息性质所得，应依法缴纳个人所得税，税款由结付利息的储蓄机构代扣代缴。

【重点提示】储蓄存款利息所得免征收个人所得税。

7.2.2.7 财产租赁所得

财产租赁所得是指个人出租不动产、机器设备、车船以及其他财产取得的所得。在确定纳税义务人时，应以产权凭证为依据，对无产权凭证的，由主管税务机关根据实际情况确定。

【重点提示】产权所有人死亡，在未办理产权继承手续期间，该财产出租而有租金收入的，以领取租金的个人为纳税义务人。

7.2.2.8 财产转让所得

①股票转让所得。对个人转让境内上市公司的股票转让所得暂不征收个人所得税。对香港市场投资者(包括企业和个人)投资上海证券交易所上市A股取得的转让差价所得，暂免征收所得税。此外，对内地个人投资者通过沪港通、深港通投资香港联交所上市股票

取得的转让差价所得，免征收个人所得税。

②量化资产股份转让所得。集体所有制企业在改制为股份合作制企业时，对职工个人以股份形式取得的拥有所有权的企业量化资产，暂缓征收个人所得税；待个人将股份转让时，就其转让收入额，减除个人取得该股份时实际支付的费用支出和合理转让费用后的余额，按"财产转让所得"项目计征个人所得税。

③个人自有住房转让所得。对出售自有住房并在1年内重新购房的纳税人不再减免个人所得税。对个人转让自用5年以上，并且是家庭唯一生活用房取得的所得，免征个人所得税。

7.2.2.9　偶然所得

偶然所得是指个人得奖、中奖、中彩以及其他偶然性质的所得。

①下列收入按"偶然所得"项目计征个人所得税。

a. 个人为单位或他人提供担保获得收入，按照"偶然所得"项目计算缴纳个人所得税；

b. 房屋产权所有人将房屋产权无偿赠与他人的，受赠人因无偿受赠房屋取得的受赠收入，按照"偶然所得"项目计算缴纳个人所得税。但是符合以下情形的，对当事双方不征收个人所得税：一是房屋产权所有人将房屋产权无偿赠与配偶、父母、子女、祖父母、外祖父母、孙子女、外孙子女、兄弟姐妹；二是房屋产权所有人将房屋产权无偿赠与对其承担直接抚养或者赡养义务的抚养人或者赡养人；三是房屋产权所有人死亡，依法取得房屋产权的法定继承人、遗嘱继承人或者受遗赠人。

②企业在业务宣传、广告等活动中，随机向本单位以外的个人赠送礼品（包括网络红包），以及企业在年会、座谈会、庆典和其他活动中向本单位以外的个人赠送礼品，个人取得的礼品收入，按照"偶然所得"项目计算缴纳个人所得税。

【重点提示】企业赠送的具有价格折扣或折让性质的消费券、代金券、抵用券、优惠券等礼品除外。企业赠送的礼品是自产产品（服务）的，按该产品（服务）的市场销售价格确定个人的应税所得；是外购商品（服务）的，按该商品（服务）的实际购置价格确定个人的应税所得。个人取得的所得，难以界定应纳税所得项目的，由国务院税务主管部门确定。

7.2.3　税　率

个人所得税根据不同的个人所得项目，设定了超额累进税率和固定比例税率两种形式。

居民个人工资、薪金所得，劳务报酬所得，稿酬所得和特许权使用费所得属于综合所得，需要在年终合并进行汇算清缴计算应交个人所得税，年中由支付单位按照对应预扣率进行预扣预缴。

7.2.3.1　居民个人工资、薪金所得预扣预缴个人所得税的预扣率

居民个人分月或分次取得工资、薪金所得，支付单位预扣预缴个人所得税时适用3%~45%的七级超额累进预扣率，见表7-1所列。

表7-1　个人所得税税率表(居民个人工资、薪金所得预扣预缴适用)

级数	累计预扣预缴应纳税所得额	预扣率(%)	速算扣除数
1	不超过36 000元的	3	0
2	超过36 000元至144 000元的部分	10	2520
3	超过144 000元至300 000元的部分	20	16 920
4	超过300 000元至420 000元的部分	25	31 920
5	超过420 000元至660 000元的部分	30	52 920
6	超过660 000元至960 000元的部分	35	85 920
7	超过960 000元的部分	45	181 920

7.2.3.2　居民个人劳务报酬所得预扣预缴个人所得税的预扣率

居民个人分月或分次取得劳务报酬所得时，支付单位预扣预缴个人所得税适用20%~40%的三级超额累进预扣率，见表7-2所列。

表7-2　个人所得税税率表(居民个人劳务报酬所得预扣预缴适用)

级数	预扣预缴应纳税所得额	预扣率(%)	速算扣除数
1	不超过20 000元的	20	0
2	超过20 000元至50 000元的部分	30	2000
3	超过50 000元的部分	40	7000

7.2.3.3　居民个人稿酬所得、特许权使用费所得预扣预缴个人所得税的预扣率

居民个人稿酬所得、特许权使用费所得适用20%的比例预扣率。

7.2.3.4　居民个人综合所得适用税率(年度汇算清缴)

居民个人每一纳税年度的综合所得，包括工资、薪金所得，劳务报酬所得，稿酬所得，特许权使用费所得，在年度合并汇算清缴时，适用3%~45%的七级超额累进税率，见表7-3所列。年度合并汇算清缴时计算出全年实际应该交纳的个人所得税，再根据年中预缴情况，进行多退少补。

表7-3　个人所得税税率表(综合所得适用)

级数	全年应纳税所得额	税率(%)	速算扣除数
1	不超过36 000元的	3	0
2	超过36 000元至144 000元的部分	10	2520
3	超过144 000元至300 000元的部分	20	16 920
4	超过300 000元至420 000元的部分	25	31 920
5	超过420 000元至660 000元的部分	30	52 920
6	超过660 000元至960 000元的部分	35	85 920
7	超过960 000元的部分	45	181 920

【**重点提示**】居民个人取得综合所得以每一纳税年度收入额减除费用60 000元以及专

项扣除、专项附加扣除和依法确定的其他扣除后的余额为应纳税所得。

7.2.3.5 非居民个人工资、薪金所得，劳务报酬所得，稿酬所得，特许权使用费所得个人所得税的适用税率

非居民个人取得工资、薪金所得，劳务报酬所得，稿酬所得，特许权使用费所得，分所得项目按月或按次计算个人所得税，统一适用 3%~45% 的七级超额累进税率，见表7-4所列。

表7-4　非居民个人所得税税率表

（非居民个人工资、薪金所得，劳务报酬所得，稿酬所得，特许权使用费所得适用）

级数	应纳税所得额	税率（%）	速算扣除数
1	不超过 3000 元的	3	0
2	超过 3000 元至 12 000 元的部分	10	210
3	超过 12 000 元至 25 000 元的部分	20	1410
4	超过 25 000 元至 35 000 元的部分	25	2660
5	超过 35 000 元至 55 000 元的部分	30	4410
6	超过 55 000 元至 80 000 元的部分	35	7160
7	超过 80 000 元的部分	45	15 160

7.2.3.6 经营所得适用税率

经营所得包括个体工商户的生产、经营所得，对企事业单位的承包经营、承租经营所得，个人独资企业和合伙企业的生产经营所得，适用 5%~35% 的五级超额累进税率，见表7-5所列。

表7-5　个人所得税税率表（经营所得适用）

级数	全年应纳税所得额	税率（%）	速算扣除数
1	不超过 30 000 元的	5	0
2	超过 30 000 元至 90 000 元的部分	10	1500
3	超过 90 000 元至 300 000 元的部分	20	10 500
4	超过 300 000 元至 500 000 元的部分	30	40 500
5	超过 500 000 元的部分	35	65 500

7.2.3.7 财产租赁所得，财产转让所得、利息、股息、红利所得和偶然所得的适用税率

财产租赁所得，财产转让所得，利息、股息、红利所得，偶然所得，适用 20% 的比例税率。

【重点提示】对个人出租住房取得的所得暂减按 10% 的税率征收个人所得税。

7.2.4　优惠政策

7.2.4.1　法定免税项目

①省级人民政府、国务院部委和中国人民解放军军以上单位，以及外国组织、国际组

织颁发的科学、教育、技术、文化、卫生、体育、环境保护等方面的奖金。

②国债和国家发行的金融债券利息。国债利息是指个人持有中华人民共和国财政部发行的债券而取得的利息所得和 2012 年及以后年度发行的地方政府债券(以省、自治区、直辖市和计划单列市政府为发行和偿还主体)取得的利息所得；国家发行的金融债券利息是指个人持有经国务院批准发行的金融债券而取得的利息所得。

③按照国家统一规定发给的补贴、津贴。按照国家统一规定发给的补贴、津贴，是指按照国务院规定发给的政府特殊津贴、院士津贴，以及国务院规定免予缴纳个人所得税的其他补贴、津贴。

④福利费、抚恤金、救济金。

⑤保险赔款。

⑥军人的转业费、复员费、退役金。

⑦按照国家统一规定发给干部、职工的安家费、退职费、基本养老金或者退休费、离休费、离休生活补助费。

⑧依照我国有关法律规定应予免税的各国驻华使馆、领事馆的外交代表、领事官员和其他人员的所得。

⑨中国政府参加的国际公约、签订的协议中规定免税的所得。

⑩国务院规定的其他免税所得。该类免税规定，由国务院报全国人民代表大会常务委员会备案。

7.2.4.2　法定减税项目

有下列情形之一的，可以减征个人所得税，具体幅度和期限由省、自治区、直辖市人民政府规定，并报同级人民代表大会常务委员会备案：

①残疾、孤老人员和烈属的所得。

②因严重自然灾害造成重大损失的。

③国务院可以规定其他减税情形，报全国人民代表大会常务委员会备案。

7.2.4.3　其他减免税项目

根据规定，对个人下列所得免征或暂免征收个人所得税：

①外籍个人以非现金形式或实报实销形式取得的住房补贴、伙食补贴、搬迁费、洗衣费。

②外籍个人按合理标准取得的境内、境外出差补贴。

③外籍个人取得的探亲费、语言训练费、子女教育费等，经当地税务机关审核批准为合理的部分。

【重点提示】符合居民个人条件的外籍个人，取得上述 3 项所得，可以选择享受个人所得税专项附加扣除，也可以选择享受住房补贴、语言训练费、子女教育费等津补贴免税优惠政策，但不得同时享受，一经选择，在一个纳税年度内不得变更。

④凡符合下列条件之一的外籍专家取得的工资、薪金所得，可免征个人所得税。

a. 根据世界银行专项贷款协议，由世界银行直接派往我国工作的外国专家；

b. 联合国组织直接派往我国工作的专家；

c. 为联合国援助项目来华工作的专家；

d. 援助国派往我国专为该国无偿援助项目工作的专家，其取得的无论我方或外国支付的工资、薪金和生活补贴；

e. 根据两国政府签订的文化交流项目来华工作 2 年以内的文教专家，其工资、薪金所得由该国负担的；

f. 根据我国大专院校国际交流项目来华工作 2 年以内的文教专家，其工资、薪金所得由该国负担的；

g. 通过民间科研协定来华工作的专家，其工资、薪金所得由该国政府机构负担的。

⑤个人举报、协查各种违法、犯罪行为而获得的奖金。

⑥个人办理代扣代缴税款手续，按规定取得的扣缴手续费。

⑦个人转让自用达 5 年以上，并且是唯一的家庭生活用房取得的所得。

⑧对个人购买社会福利有奖募捐奖券、体育彩票，一次中奖收入在 1 万元以下（含）的暂免征收个人所得税，超过 1 万元的，全额征收个人所得税。

⑨达到离休、退休年龄，但确因工作需要，适当延长离休、退休年龄的高级专家（指享受国家发放的政府特殊津贴的专家、学者），其在延长离休、退休期间的工资、薪金所得，视同离休费、退休费免征个人所得税。

⑩对个人取得的教育储蓄存款利息所得以及国务院财政部门确定的其他专项储蓄存款：税款或储蓄型专项基金存款的利息所得，免征个人所得税。

【重点提示】对居民个人储蓄存款利息所得和证券市场个人投资者取得的证券交易结算资金利息所得，暂免征收个人所得税。

⑪居民个人按照国家规定的范围和标准缴纳的基本养老保险、基本医疗保险、失业保险等社会保险费和住房公积金，允许在个人应纳税所得额中扣除，免征个人所得税。

⑫个人实际领（支）取原提存的基本养老保险金、基本医疗保险金、失业保险金和住房公积金时，免征个人所得税。

⑬生育妇女取得的生育津贴、生育医疗费或其他属于生育保险性质的津贴、补贴，免征个人所得税。

⑭对工伤职工及其近亲属取得的一次性伤残保险待遇，免征个人所得税。

⑮对退役士兵取得的一次性退役金以及地方政府发放的一次性经济补助，免征个人所得税。

⑯对个人取得的 2012 年及以后年度发行的地方政府债券利息收入，免征个人所得税。对个人投资者持有 2019—2023 年发行的铁路债券取得的利息收入，减按 50% 计入应纳税所得额计算征收个人所得税，由兑付机构在向个人投资者兑付利息时代扣代缴。

⑰职工从依照国家有关法律规定宣告破产的企业取得的一次性安置费收入，免征个人所得税。

⑱个人转让全国中小企业股份转让系统挂牌公司股票的税收优惠。

【重点提示】对个人转让全国中小企业股份转让系统（以下简称"新三板"）挂牌公司非原始股取得的所得，暂免征收个人所得税。

⑲自 2023 年 1 月 1 日至 2027 年 12 月 31 日，对个体工商户年应纳税所得额不超过 200 万元的部分，减半征收个人所得税。

7.3 个人所得税的计算

7.3.1 应纳税所得额的确定

7.3.1.1 居民个人的综合所得

居民个人的综合所得，以每一纳税年度的收入额减除费用 60 000 元以及专项扣除、专项附加扣除和依法确定的其他扣除后的余额，为年应纳税所得额。

【重点提示】居民个人的劳务报酬所得、稿酬所得、特许权使用费所得以收入减除 20% 的费用后的余额为收入额。稿酬所得的收入额减按 70% 计算。

专项扣除，包括居民个人按照国家规定的范围和标准缴纳的基本养老保险、基本医疗保险、失业保险等社会保险费和住房公积金等。

专项附加扣除，包括个人的子女教育、继续教育、大病医疗、住房贷款利息或者住房租金、赡养老人和 3 岁以下婴幼儿照护等 7 项支出。

依法确定的其他扣除，包括个人缴付符合国家规定的企业年金、职业年金，个人购买符合国家规定的商业健康保险、税收递延型商业养老保险的支出，以及国务院规定可以扣除的其他项目。

（1）子女教育专项附加扣除

①纳税人的子女接受全日制学历教育的相关支出，按照每个子女每月 2000 元的标准定额扣除。

【重点提示】年满 3 岁至小学入学前处于学前教育阶段的子女，按上述的规定执行。

②父母可以选择由其中一方按扣除标准的 100% 扣除，也可以选择由双方分别按扣除标准的 50% 扣除，具体扣除方式在一个纳税年度内不能变更。

③纳税人子女在中国境外接受教育的，纳税人应当留存境外学校录取通知书、留学签证等相关教育的证明资料备查。

【重点提示】学前教育阶段，为子女年满 3 周岁当月至小学入学前一月。学历教育，为子女接受全日制学历教育入学的当月至全日制学历教育结束的当月。

（2）继续教育专项附加扣除

①纳税人在中国境内接受学历（学位）继续教育的支出，在学历（学位）教育期间按照每月 400 元定额扣除。同一学历（学位）继续教育的扣除期限不能超过 48 个月。纳税人接受技能人员职业资格继续教育、专业技术人员职业资格继续教育的支出，在取得相关证书的当年，按照 3600 元定额扣除。

②个人接受本科及以下学历（学位）继续教育，符合规定扣除条件的，可以选择由其父母扣除，也可以选择由本人扣除。

③纳税人接受技能人员职业资格继续教育、专业技术人员职业资格继续教育的，应当留存相关证书等资料备查。

【重点提示】学历（学位）继续教育，为在中国境内接受学历（学位）继续教育入学的当月至学历（学位）继续教育结束的当月。同一学历（学位）继续教育的扣除期限最长不得超过 48 个月。技能人员职业资格继续教育、专业技术人员职业资格继续教育，为取得相关证书的当年。

（3）大病医疗专项附加扣除

①在一个纳税年度内，纳税人发生的与基本医保相关的医药费用支出，扣除医保报销后个人负担（指医保目录范围内的自付部分）累计超过 15 000 元的部分，由纳税人在办理年度汇算清缴时，在 80 000 元限额内据实扣除。

②纳税人发生的医药费用支出可以选择由本人或者其配偶扣除；未成年子女发生的医药费用支出可以选择由其父母一方扣除。

【重点提示】纳税人及其配偶、未成年子女发生的医药费用支出，按规定分别计算扣除额。

（4）住房贷款利息专项附加扣除

①纳税人本人或者配偶单独或者共同使用商业银行或者住房公积金个人住房贷款为本人或者其配偶购买中国境内住房，发生的首套住房贷款利息支出，在实际发生贷款利息的年度，按照每月 1000 元的标准定额扣除，扣除期限最长不超过 240 个月。纳税人只能享受一次首套住房贷款的利息扣除。

②经夫妻双方约定，可以选择由其中一方扣除，具体扣除方式在一个纳税年度内不能变更。

（5）住房租金专项附加扣除

纳税人在主要工作城市没有自有住房而发生的住房租金支出，可以按照以下标准定额扣除：

①直辖市、省会（首府）城市、计划单列市以及国务院确定的其他城市，扣除标准为每月 1500 元。

②除上述所列城市以外，市辖区户籍人口超过 100 万的城市，扣除标准为每月 1100元；市辖区户籍人口不超过 100 万的城市，扣除标准为每月 800 元。

③纳税人的配偶在纳税人的主要工作城市有自有住房的，视同纳税人在主要工作城市有自有住房。

【重点提示】夫妻双方主要工作城市相同的，只能由一方扣除住房租金支出；纳税人及其配偶在一个纳税年度内不能同时分别享受住房贷款利息和住房租金专项附加扣除。

（6）赡养老人专项附加扣除

①纳税人赡养一位及以上被赡养人的赡养支出，统一按照以下标准定额扣除。

a. 纳税人为独生子女的，按照每月 3000 元的标准定额扣除；

b. 纳税人为非独生子女的，由其与兄弟姐妹分摊每月 1500 元的扣除额度，每人分摊的额度不能超过每月 1500 元。可以由赡养人均摊或者约定分摊，也可以由被赡养人指定分摊。

②被赡养人是指年满 60 岁的父母，以及子女均已去世的年满 60 岁的祖父母、外祖父母。

【重点提示】个人所得税专项附加扣除额一个纳税年度扣除不完的，不能结转以后年度扣除。

（7）3 岁以下婴幼儿照护专项附加扣除

①纳税人照护 3 岁以下婴幼儿子女的相关支出，按照每个婴幼儿每月 2000 元的标准

定额扣除。

②父母可以选择由其中一方按扣除标准的 100% 扣除，也可以选择由双方分别按扣除标准的 50% 扣除，具体扣除方式在一个纳税年度内不能变更。

【重点提示】3 岁以下婴幼儿照护个人所得税专项附加扣除涉及的保障措施和其他事项，参照《个人所得税专项附加扣除暂行办法》有关规定执行。3 岁以下婴幼儿照护个人所得税专项附加扣除自 2022 年 1 月 1 日起实施。

7.3.1.2　非居民个人的综合所得

非居民个人的工资、薪金所得，以每月收入额减除费用 5000 元后的余额为应纳税所得额；非居民个人的劳务报酬所得、稿酬所得、特许权使用费所得，以每次收入额为应纳税所得额。

7.3.1.3　经营所得

经营所得以每一纳税年度的收入总额减除成本、费用以及损失后的余额，为应纳税所得额。

成本、费用是指生产、经营活动中发生的各项直接支出和分配计入成本的间接费用以及销售费用、管理费用、财务费用；损失是指生产、经营活动中发生的固定资产和存货的盘亏、毁损、报废损失，转让财产损失，坏账损失，自然灾害等不可抗力因素造成的损失以及其他损失。

取得经营所得的个人，没有综合所得的，计算其每一纳税年度的应纳税所得额时，应当减除费用 60 000 元、专项扣除、专项附加扣除以及依法确定的其他扣除。专项附加扣除在办理汇算清缴时减除。

7.3.1.4　财产租赁所得

财产租赁所得，若每次收入不超过 4000 元的，减除费用 800 元；若每次收入在 4000 元以上的，减除 20% 的费用，其余额为应纳税所得额。

7.3.1.5　财产转让所得

财产转让所得，以转让财产的收入额减除财产原值和合理费用后的余额，为应纳税所得额。其中，财产原值，按照下列方法确定：①有价证券，为买入价以及买入时按照规定交纳的有关费用。②建筑物，为建造费或者购进价格以及其他有关费用。③土地使用权，为取得土地使用权所支付的金额、开发土地的费用以及其他有关费用。④机器设备、车船，为购进价格、运输费、安装费以及其他有关费用。⑤其他财产，参照上述规定的方法确定财产原值。

【重点提示】纳税人未提供完整、准确的财产原值凭证，不能按照上述规定的方法确定财产原值的，由主管税务机关核定财产原值。合理费用，是指卖出财产时按照规定支付的有关税费。

7.3.1.6　利息、股息、红利所得和偶然所得

利息、股息、红利所得和偶然所得，以每次收入额为应纳税所得额。

7.3.2　应纳税所得额的特殊规定

①两个以上的个人共同取得同一项目收入的，应当对每个人取得的收入分别按照个人

所得税法的规定计算纳税。

②个人通过中国境内的公益性社会组织、国家机关向教育、扶贫、济困等公益慈善事业的捐赠，捐赠额未超过纳税人申报的应纳税所得额30%的部分，可以从其应纳税所得额中据实扣除，国务院对公益慈善事业捐赠实行全额税前扣除的，从其规定。

③个人通过非营利性的社会团体和政府部门对公益性青少年活动场所（其中包括新建）、红十字事业、福利性非营利性老年服务机构、农村义务教育、中华健康快车基金会等5家单位、教育事业、宋庆龄基金会等6家单位、中国老龄事业发展基金会等8家单位、中国医药卫生事业发展基金会、中国教育发展基金会、地震灾区进行的捐赠，准予税前全额扣除。

【重点提示】个人捐赠住房作为公共租赁住房，符合税收法律法规规定的，对其公益性捐赠支出未超过其申报的应纳税所得额30%的部分，准予从其应纳税所得额中扣除。

7.3.3 居民个人综合所得的应纳税额计算

居民个人取得的工资、薪金，劳务报酬，稿酬，特许权使用费综合所得，在年中分别由支付单位按照规定进行预扣预缴，年终再进行合并汇算清缴。

7.3.3.1 居民个人综合所得预扣预缴税款的计算方法

（1）居民个人工资、薪金所得预扣预缴税款计算方法

扣缴义务人向居民个人支付工资、薪金所得时，应当按照累计预扣法计算预扣税款，并按月办理全员全额扣缴申报。

①累计预扣法是指扣缴义务人在一个纳税年度内预扣预缴税款时，以纳税人在本单位截至当前月份工资、薪金所得累计收入减除累计免税收入、累计减除费用、累计专项扣除、累计专项附加扣除和累计依法确定的其他扣除后的余额为累计预扣预缴应纳税所得额。

②计算累计应预扣预缴税额，再减除累计减免税额和累计已预扣预缴税额，其余额为本期应预扣预缴税额。

【重点提示】余额为负值时，暂不退税。纳税年度终了后余额仍为负值时，由纳税人通过办理综合所得年度汇算清缴，税款多退少补。

③具体计算公式如下。

本期应预扣预缴税额=（累计预扣预缴应纳税所得额×预扣率-速算扣除数）-累计减免税额-累计已预扣预缴税额

累计预扣预缴应纳税所得额=累计收入-累计免税收入-累计减除费用-累计专项扣除-累计专项附加扣除-累计依法确定的其他扣除

【重点提示】上述公式中：累计减除费用，按照5000元/月乘以纳税人当年截至本月在本单位的任职受雇月份数计算。对同一专项附加扣除项目，在一个纳税年度内只能选择从一处取得的所得中减除。

④计算居民个人工资、薪金所得预扣预缴税额适用的预扣率、速算扣除数，按七级超额累进预扣率表7-1个人所得税税率表（居民个人工资、薪金所得预扣预缴适用）。

【案例指导7-1】中国居民张某为某公司职员，1~3月公司每月应发工资10 000元，每

月公司按规定标准为其代扣代缴"三险一金"1500元，从1月起享受子女教育支出专项附加扣除1000元，没有减免收入及减免税额等情况。请依照现行税法规定，分别计算张某1~3月应预扣预缴税额。

【案例解析】

1月：（10 000-5000-1500-1000）×3%＝75（元）

2月：（20 000-10 000-3000-2000）×3%-75＝75（元）

3月：（30 000-15 000-4500-3000）×3%-75-75＝75（元）

【案例指导7-2】中国居民余某为某公司职员，20××年1~3月公司每月应发工资为30 000元，每月公司按规定标准为其代扣代缴"三险一金"4500元，从1月起享受子女教育、赡养老人两项专项附加扣除共计2000元，没有减免收入及减免税额等情况。请依照现行税法规定，分别计算余某1~3月应预扣预缴税额。

【案例解析】

1月：（30 000-5000-4500-2000）×3%＝555（元）

2月：（60 000-10 000-9000-4000）×10%-2520-555＝625（元）

3月：（90 000-15 000-13 500-6000）×10%-2520-555-625＝1850（元）

【重点提示】①自2020年7月1日起，对一个纳税年度内首次取得工资、薪金所得的居民个人，扣缴义务人在预扣预缴个人所得税时，可按照5000元/月乘以纳税人当年截至本月月份数计算累计减除费用，如7月首次上岗取得工资，在预扣个人所得税时，可以扣除5000×7＝35 000元的费用。②自2021年1月1日起，对上一完整纳税年度内每月均在同一单位预扣预缴工资、薪金所得个人所得税且全年工资、薪金收入不超过60 000元的居民个人，扣缴义务人在预扣预缴本年度工资、薪金所得个人所得税时，累计减除费用自1月起直接按照全年60 000元计算扣除。即在纳税人累计收入不超过60 000元的月份，暂不预扣预缴个人所得税；在其累计收入超过60 000元的当月及年内后续月份，再预扣预缴个人所得税。

（2）居民个人劳务报酬所得、稿酬所得、特许权使用费所得预扣预缴税款计算方法

扣缴义务人向居民个人支付劳务报酬所得、稿酬所得、特许权使用费所得，以每次或每月收入额为预扣预缴应纳税所得额，分别适用三级超额累进预扣率（表7-2）和20%的比例预扣率，按次或按月计算每项所得应预扣预缴的个人所得税。

劳务报酬所得应预扣预缴税额＝预扣预缴应纳税所得额（收入额）×预扣率-速算扣除数

稿酬所得、特许权使用费所得应预扣预缴税额＝预扣预缴应纳税所得额（收入额）×20%

【重点提示】①劳务报酬所得、稿酬所得、特许权使用费所得以收入减除费用后的余额为收入额。其中，稿酬所得的收入额减按70%计算。②劳务报酬所得、稿酬所得、特许权使用费所得每次收入不超过4000元的，减除费用按800元计算；每次收入4000元以上的，减除费用按20%计算，而汇算清缴时，收入额无论是否超过4000元，都统一按20%扣除费用。

【案例指导7-3】中国居民陈某一次性取得劳务报酬收入3000元（不含增值税），计算该所得应预扣预缴税额。

【案例解析】

应纳税所得额（收入额）＝3000-800＝2200（元）

$$应预扣预缴税额 = 2200 \times 20\% = 440(元)$$

【案例指导 7-4】假设中国某居民个人一次性取得稿酬收入 41 000 元（不含增值税），请依照现行税法规定，计算该所得应预扣预缴税额。

【案例解析】

$$应纳税所得额(收入额) = 41\ 000 \times (1-20\%) \times 70\% = 22\ 960(元)$$
$$应预扣预缴税额 = 22\ 960 \times 20\% = 4592(元)$$

7.3.3.2 居民个人综合所得汇算清缴的计算方法

居民个人办理年度综合所得汇算清缴时，应当依法计算工资薪金所得、劳务报酬所得、稿酬所得、特许权使用费所得的收入额，并入年度综合所得计算应纳税款，税款多退少补。综合所得汇算清缴计算公式：

$$汇算应退或应补税额 = [(综合所得收入额 - 60\ 000\ 元 - "三险一金"等专项扣除 -$$
$$子女教育等专项附加扣除 - 依法确定的其他扣除 - 捐赠) \times$$
$$适用税率 - 速算扣除数] - 已预缴税额$$

【案例指导 7-5】假设中国居民张某 20×× 年每月应取得工资收入均为 30 000 元，缴纳"三险一金"4500 元、享受子女教育和赡养老人两项专项附加扣除 2000 元。20×× 年度张某只在本单位一处拿工资，没有其他收入，没有大病医疗和减免收入及减免税额等情况。请依照现行税法规定，计算张某年终综合所得应纳税额。

20×× 年综合所得应纳税额：$(30\ 000 \times 12 - 60\ 000 - 4500 \times 12 - 2000 \times 12) \times 20\% - 16\ 920 = 27\ 480(元)$，已预扣预缴 27 480 元，年终不需进行综合所得汇算清缴。

7.3.4 非居民个人工资、薪金所得，劳务报酬所得，稿酬所得和特许权使用费所得的计税方法

非居民个人取得工资、薪金所得，劳务报酬所得，稿酬所得和特许权使用费所得，有扣缴义务人的，由扣缴义务人按月或者按次代扣代缴税款，不办理汇算清缴。

扣缴义务人向非居民个人支付工资、薪金所得，劳务报酬所得，稿酬所得和特许权使用费所得时，应当按照以下方法按月或者按次代扣代缴税款：

①非居民个人的工资、薪金所得，以每月收入额减除费用 5000 元后的余额为应纳税所得额。

②劳务报酬所得、稿酬所得、特许权使用费所得，以每次收入额为应纳税所得额，适用非居民个人工资、薪金所得，劳务报酬所得，稿酬所得，特许权使用费所得适用税率表（表 7-4）计算应纳税额。劳务报酬所得、稿酬所得、特许权使用费所得以收入减除 20% 的费用后的余额为收入额，其中，稿酬所得的收入额减按 70% 计算。

③税款扣缴计算公式为：

$$应纳税额 = 应纳税所得额 \times 税率 - 速算扣除数$$

【重点提示】非居民个人在一个纳税年度内税款扣缴方法保持不变，达到居民个人条件时，应当告知扣缴义务人基础信息变化情况，年度终了后按照居民个人有关规定办理汇算清缴。

【案例指导 7-6】本年 1 月，非居民个人玛丽取得一次性劳务报酬收入 18 000 元；取得

一次性稿酬收入 6000 元；取得一次性特许权使用费收入 3500 元。上述收入均为税前收入，均来源于中国境内，且不享受免税优惠政策。假设不考虑增值税等因素。请计算玛丽本年 1 月的应纳个人所得税。

【案例解析】

$$劳务报酬所得的应纳税所得额 = 18\,000 \times (1 - 20\%) = 14\,400(元)$$
$$劳务报酬所得应纳个人所得税 = 14\,400 \times 20\% - 1410 = 1470(元)$$
$$稿酬所得的应纳税所得额 = 6000 \times (1 - 20\%) \times 70\% = 3360(元)$$
$$稿酬所得应纳个人所得税 = 3360 \times 10\% - 210 = 126(元)$$
$$特许权使用费所得的应纳税所得额 = 3500 \times (1 - 20\%) = 2800(元)$$
$$特许权使用费所得应纳个人所得税 = 2800 \times 3\% = 84(元)$$
$$玛丽本年 1 月应纳个人所得税合计 = 1470 + 126 + 84 = 1680(元)$$

7.3.5 经营所得的计税方法

7.3.5.1 个体工商户生产经营所得的计税办法

个体工商户取得经营所得应该缴纳的个人所得税，采取按月或按季度预缴税款，按年汇算清缴的纳税方式。其计算公式为：

$$全年应纳税额 = 全年应纳税所得额 \times 适用税率 - 速算扣除数$$
$$汇算清缴税额 = 全年应纳税额 - 全年累计已预缴税额$$

个体工商户的生产、经营所得，以每一纳税年度的收入总额，减除成本、费用、税金、损失、其他支出以及允许弥补的以前年度亏损后的余额，为全年应纳税所得额。计算公式为：

全年应纳税所得额 = 全年收入总额 - 成本 - 费用 - 税金 - 损失 - 其他支出 - 允许弥补的以前年度亏损

（1）计税的基本规定

①收入总额。个体工商户从事生产经营以及与生产经营有关的活动（以下简称生产经营）取得的货币形式和非货币形式的各项收入，为收入总额，包括销售货物收入、提供劳务收入、转让财产收入、利息收入、租金收入、接受捐赠收入、其他收入。

【重点提示】其他收入包括个体工商户资产溢余收入、逾期一年以上的未退包装物押金收入、确实无法偿付的应付款项、已作坏账损失处理后又收回的应收款项、债务重组收入、补贴收入、违约金收入、汇兑收益等。

②成本。个体工商户在生产经营活动中发生的各种直接支出和分配计入成本的间接费用，具体包括销售成本、销货成本、业务支出以及其他耗费。

③费用。个体工商户在生产经营活动中发生的销售费用、管理费用和财务费用，已经计入成本的有关费用除外。

④税金。个体工商户在生产经营活动中发生的除个人所得税和允许抵扣的增值税以外的各项税金及其附加。

⑤损失。个体工商户在生产经营活动中发生的固定资产和存货的盘亏、毁损、报废损失，转让财产损失，坏账损失，自然灾害等不可抗力因素造成的损失以及其他损失。

【重点提示】个体工商户已经作为损失处理的资产，在以后纳税年度又全部收回或者部分收回时，应当计入收回当期的收入。

⑥其他支出。除成本、费用、税金、损失外，个体工商户在生产经营活动中发生的与收入直接相关的、合理的支出。

【重点提示】收益性支出在发生当期直接扣除；资本性支出应当分期扣除或者计入有关资产成本，不得在发生当期直接扣除。

⑦允许弥补的以前年度亏损。个体工商户依照规定计算的应纳税所得额小于零的数额。

（2）个体工商户不得税前扣除的支出

个人所得税税款；税收滞纳金；罚金、罚款和被没收财物的损失；不符合扣除规定的捐赠支出；赞助支出是指个体工商户发生的与生产经营活动无关的各种非广告性质支出；用于个人和家庭的支出；与取得生产经营收入无关的其他支出；国家税务总局规定不准扣除的支出。

（3）个体工商户生产经营活动中，应当分别核算生产经营费用和个人、家庭费用。对于生产经营与个人、家庭生活混用难以分清的费用，其40%视为与生产经营有关费用，准予扣除。

（4）个体工商户纳税年度发生的亏损，准予向以后年度结转，用以后年度的生产经营所得弥补，但结转年限最长不得超过5年。

（5）个体工商户使用或者销售存货，按照规定计算的存货成本，准予在计算应纳税所得额时扣除。

（6）个体工商户转让资产，该项资产的净值，准予在计算应纳税所得额时扣除。

（7）准予扣除项目及标准

①个体工商户实际支付给从业人员的、合理的工资、薪金支出，准予扣除。

②个体工商户业主费用的扣除。

a. 个体工商户业主的工资、薪金支出不得税前扣除。取得经营所得的个人，没有综合所得的，计算其每一纳税年度的应纳税所得额时，应当减除费用60 000元、专项扣除、专项附加扣除以及依法确定的其他扣除。其中，专项附加扣除在办理汇算清缴时减除；

b. 投资者本人的费用扣除标准，应按照其实际经营月份数，以每月5000元的减除标准确定。计算公式如下：

应纳税所得额＝该年度收入总额−成本、费用及损失−当年投资者本人的费用扣除额

当年投资者本人的费用扣除额＝月减除费用（5000元/月）×当年实际经营月份数

应纳税额＝应纳税所得额×税率−速算扣除数

③个体工商户为其业主和从业人员缴纳的五险一金，准予扣除，个体工商户为从业人员缴纳的补充养老保险费、补充医疗保险费，分别在不超过从业人员工资总额5%标准内的部分据实扣除；超过部分，不得扣除。个体工商户业主本人缴纳的补充养老保险费、补充医疗保险费，以当地（地级市）上年度社会平均工资的3倍为计算基数，分别在不超过该计算基数5%标准内的部分据实扣除；超过部分，不得扣除。

④除个体工商户依照国家有关规定为特殊工种从业人员支付的人身安全保险费和财政部、国家税务总局规定可以扣除的其他商业保险费外，个体工商户业主本人或者为从业人员支付的商业保险费，不得扣除。

⑤个体工商户在生产经营活动中发生的合理的不需要资本化的借款费用，准予扣除。个体工商户为购置、建造固定资产、无形资产和经过 12 个月以上的建造才能达到预定。

⑥个体工商户在生产经营活动中发生的下列利息支出，准予扣除。

a. 向金融企业借款的利息支出；

b. 向非金融企业和个人借款的利息支出，不超过按照金融企业同期同类贷款利率计算的数额的部分。

⑦个体工商户在货币交易中，以及纳税年度终了时将人民币以外的货币性资产、负债按照期末即期人民币汇率中间价折算为人民币时产生的汇兑损失，除已经计入有关资产成本部分外，准予扣除。

⑧个体工商户向当地工会组织拨缴的工会经费、实际发生的职工福利费支出、职工教育经费支出分别在工资、薪金总额的 2%、14% 和 2.5% 的标准内据实扣除。

【重点提示】职工教育经费的实际发生数额超出规定比例当期不能扣除的数额，准予在以后纳税年度结转扣除。个体工商户业主本人向当地工会组织缴纳的工会经费、实际发生的职工福利费支出、职工教育经费支出，以当地(地级市)上年度社会平均工资的 3 倍为计算基数，在上述规定比例内据实扣除。

⑨个体工商户发生的与生产经营活动有关的业务招待费，按照实际发生额的 60% 扣除，但最高不得超过当年销售(营业)收入的 0.5%。

【重点提示】业主自申请营业执照之日起至开始生产经营之日止所发生的业务招待费，按照实际发生额的 60% 计入个体工商户的开办费。

⑩个体工商户每一纳税年度发生的与其生产经营活动直接相关的广告费和业务宣传费不超过当年销售(营业)收入 15% 的部分，可以据实扣除；超过部分，准予在以后纳税年度结转扣除。

⑪个体工商户代其从业人员或者他人负担的税款，不得税前扣除。

⑫个体工商户按照规定缴纳的摊位费、行政性收费、协会会费等，按实际发生数额扣除。

⑬个体工商户根据生产经营活动的需要租入固定资产支付的租赁费，按照以下方法扣除。

a. 以经营租赁方式租入固定资产发生的租赁费支出，按照租赁期限均匀扣除；

b. 以融资租赁方式租入固定资产发生的租赁费支出，按照规定构成融资租入固定资产价值的部分应当提取折旧费用，分期扣除。

⑭个体工商户参加财产保险，按照规定缴纳的保险费，准予扣除。

⑮个体工商户发生的合理的劳动保护支出，准予扣除。

⑯个体工商户自申请营业执照之日起至开始生产经营之日止所发生符合规定的费用，除为取得固定资产、无形资产的支出，以及应计入资产价值的汇兑损益、利息支出外，作为开办费，个体工商户可以选择在开始生产经营的当年一次性扣除，也可自生产经营月份起在不短于 3 年期限内摊销扣除，但一经选定，不得改变。

【重点提示】开始生产经营之日为个体工商户取得第一笔销售(营业)收入的日期。

⑰个体工商户通过公益性社会团体或者县级以上人民政府及其部门，用于公益事业捐赠，捐赠额不超过其应纳税所得额 30% 的部分可以据实扣除。

【重点提示】个体工商户直接对受益人的捐赠不得在税前扣除。

⑱个体工商户研究开发新产品、新技术、新工艺所发生的开发费用，以及研究开发新

产品、新技术而购置单台价值在 10 万元以下的测试仪器和试验性装置的购置费准予直接扣除；单台价值在 10 万元以上(含)的测试仪器和试验性装置，按固定资产管理，不得在当期直接扣除。

【案例指导 7-7】 中国某市 A 酒店系个体工商户，账证比较健全。20××年 1~12 月累计应纳税所得额为 132 000 元(未扣除投资者费用)，1~12 月累计已预缴个人所得税 15 900 元。除经营所得外，投资者本人没有其他应税收入，20××年全年享受一名子女教育和赡养老人的专项附加扣除金额合计 24 000 元。请依照现行税法规定，分析计算该个体工商户20××年度经营所得个人所得税的汇算清缴情况。

【案例解析】

$$全年应纳税所得额 = 132\,000 - 60\,000 - 24\,000 = 48\,000(元)$$
$$全年应缴纳个人所得税 = (48\,000 \times 10\% - 1500) \times (1 - 50\%) = 1650(元)$$
$$全年汇算清缴应申请退税额 = 15\,900 - 1650 = 14\,250(元)$$

7.3.5.2 对企事业单位承包、承租经营所得的计税方法

(1)应纳税所得额的确定

对企事业单位承包经营、承租经营所得是以每一纳税年度的收入总额，减除必要费用后的余额，为应纳税所得额。"减除必要费用"是指按月减除 5000 元。其计算公式为：

应纳税所得额 = 个人承包、承租经营收入总额 - 每月费用扣除标准 × 实际承包或承租月数

(2)应纳税额的计算方法

对企事业单位承包经营、承租经营所得适用五级超额累进税率(表 7-5)，以其应纳税所得额按适用税率计算应纳税额。计算公式为：

$$应纳税额 = 应纳税所得额 × 适用税率 - 速算扣除数$$

【案例指导 7-8】 中国居民张某于 20××年 3 月 1 日至 12 月 31 日，承包某单位门市部，经营期限 10 个月。当年取得不含税经营收入总额 250 000 元，准许税前扣除的与经营收入相关的支出总额 102 000 元，当年无综合所得，无专项附加扣除和其他减免税优惠，请依照现行税法规定，计算张某 20××年承包经营所得应缴纳的个人所得税。

【案例解析】

$$20××年承包经营所得 = 250\,000 - 102\,000 = 148\,000(元)$$
$$20××年承包经营的应纳税所得额 = 148\,000 - 5000 \times 10 = 98\,000(元)$$
$$20××年承包经营所得应缴纳个人所得税 = 98\,000 \times 20\% - 10\,500 = 9100(元)$$

7.3.6 财产租赁所得的计税方法

7.3.6.1 应纳税所得额的确定

财产租赁所得以一个月内取得的收入为一次，每次(月)收入不超过 4000 元时，按以下公式计算应纳税所得额：

应纳税所得额 = 每次(月)收入额 - 准予扣除项目 - 修缮费用(800 元为限) - 800 元；

每次(月)收入超过 4000 元时，按以下公式计算应纳税所得额：

应纳税所得额 = [每次(月)收入额 - 准予扣除项目 - 修缮费用(800 元为限)] × (1 - 20%)

7.3.6.2 应纳税额的计算

财产租赁所得适用 20% 的比例税率。但对个人按市场价格出租的居民住房取得的所得，按 10% 的税率征收个人所得税。其应纳税额的计算公式为：

$$应纳税额 = 应纳税所得额 \times 适用税率$$

7.3.7 财产转让所得的计税方法

7.3.7.1 应纳税所得额的确定

财产转让所得按照一次转让财产的收入额减除财产原值和合理费用后的余额，为应纳税所得额计算纳税。计算公式：

$$应纳税所得额 = 每次收入额 - 财产原值 - 合理费用$$

7.3.7.2 应纳税额的计算

适用 20% 的比例税率。计算公式：

$$应纳税额 = 应纳税所得额 \times 适用税率$$

7.3.8 利息、股息、红利所得的计税方法

7.3.8.1 应纳税所得额的确定

以个人每次取得的收入额为应纳税所得额，不得从收入额中扣除任何费用。以股票形式向股东个人支付应得的股息、红利，应以派发红股的股票票面金额为收入额，计算征收个人所得税。

【重点提示】企业购买车辆并将车辆所有权办到股东个人名下，应按照"利息、股息、红利所得"征收个人所得税。在计算收入额时，允许合理减除部分所得；减除的具体数额由主管税务机关根据车辆的实际使用情况合理确定。

7.3.8.2 应纳税额的计算

$$应纳税额 = 应纳税所得额(每次收入额) \times 适用税率$$

7.3.9 偶然所得的计税方法

7.3.9.1 应纳税所得额的确定

以个人每次取得的偶然收入额为应纳税所得额，不扣除任何费用。除有特殊规定外，每次收入额就是应纳税所得额，以每次取得该项收入为一次。

7.3.9.2 应纳税额的计算

$$应纳税额 = 应纳税所得额(每次收入额) \times 适用税率$$

7.3.10 几种特殊情形下个人所得税的计算

7.3.10.1 居民个人全年一次性奖金

全年一次性奖金是指行政机关、企事业单位等扣缴义务人根据其全年经济效益和对雇员全年工作业绩的综合考核情况，向雇员发放的一次性奖金。一次性奖金也包括年终加

薪、实行年薪制和绩效工资办法的单位根据考核情况兑现的年薪和绩效工资。

居民个人取得全年一次性奖金，符合规定的，在 2027 年 12 月 31 日前，可以单独计税，不并入当年综合所得，以全年一次性奖金收入除以 12 个月得到的数额，按照按月换算后的综合所得税率表（月度税率表），确定适用税率和速算扣除数，单独计算纳税。计算公式为：

$$应纳税额=全年一次性奖金收入×适用税率-速算扣除数$$

【案例指导7-9】中国居民张某 20×× 年 1 月应发工资 10 000 元，每月公司按规定标准为其代扣代缴"三险一金"2000 元，当月享受赡养老人专项附加扣除 1000 元，没有减免收入及减免税额等情况，当月还取得 20×× 年全年一次性奖金 144 000 元。请依照现行税法规定，分析计算张某 20×× 年 1 月的纳税情况。

【案例解析】

方案一：工资、全年一次性奖金单独计税。

因为每月奖金 = 144 000/12 = 12 000（元），所以适用税率为 10%、速算扣除数为 210 元。

$$全年一次性奖金应纳税额 = 144\ 000×10\%-210 = 14\ 190（元）$$
$$工资应预扣预缴税额 = （10\ 000-2000-5000-1000）×3\% = 60（元）$$

方案二：工资、全年一次性奖金合并计税。

$$工资、奖金合计应预扣预缴税额 = （144\ 000+10\ 000-2000-5000-1000）×$$
$$20\%-16\ 920 = 12\ 280（元）$$

7.3.10.2　年金

年金包括企业年金和职业年金。企业年金是指企业及其职工在依法参加基本养老保险的基础上，自愿建立的补充养老保险。职业年金是事业单位及其职工依据自身经济状况，在依法缴纳基本养老保险的基础上，自愿建立的补充养老保险。相关规定如下：

（1）企业年金和职业年金缴费的个人所得税处理

①企业和事业单位（以下统称单位），为在本单位任职或者受雇的全体职工缴付的企业年金或职业年金（以下统称年金）单位缴费部分，在计入个人账户时，个人暂不缴纳个人所得税。

②个人根据国家有关政策规定缴付的年金个人缴费部分，在不超过本人缴费工资计税基数的 4% 标准内的部分，暂从个人当期的应纳税所得额中扣除。

③超过上述第①项、第②项规定的标准缴付的年金单位缴费和个人缴费部分，应并入个人当期的工资、薪金所得，计征个人所得税。税款由建立年金的单位代扣代缴，并向税务机关申报解缴。

④企业年金个人缴费工资计税基数为本人上一年度月平均工资。月平均工资超过职工工作地所在设区城市上一年度职工月平均工资 300% 的部分，不计入个人缴费工资计税基数。

【重点提示】职业年金个人缴费工资计税基数为职工岗位工资和薪级工资之和，超过工作地所在设区城市上一年度职工月平均工资 300% 的部分，不计入个人缴费工资计税基数。

（2）年金基金投资运营收益的个人所得税处理

年金基金投资运营收益分配计入个人账户时，个人暂不缴纳个人所得税。

(3)年金领取的个人所得税处理

个人达到国家规定的退休年龄,领取的企业年金、职业年金,不并入综合所得,全额单独计算应纳税款。其中按月领取的,适用月度税率表计算纳税;按季领取的,平均分摊计入各月,按每月领取额适用月度税率表(表7-1)计算纳税;按年领取的,适用综合所得税率表(表7-3)计算纳税。

个人因出境定居而一次性领取的年金个人账户资金,或个人死亡后,其指定的受益人或法定继承人一次性领取的年金个人账户余额,适用综合所得税率表(表7-3)计算纳税。对个人除上述特殊原因外一次性领取年金个人账户资金或余额的,适用月度税率表(表7-1)计算纳税。

7.3.10.3 个人无偿受赠房屋产权

①以下情形,对当事双方不征收个人所得税:

a. 房屋产权所有人将房屋产权无偿赠与配偶、父母、子女、祖父母、外祖父母、孙子女、外孙子女、兄弟姐妹。

b. 房屋产权所有人将房屋产权无偿赠与对其承担直接抚养或者赡养义务的抚养人或者赡养人。

c. 房屋产权所有人死亡,依法取得房屋产权的法定继承人、遗嘱继承人或者受遗赠人。

②除上述第1条规定情形以外,房屋产权所有人将房屋产权无偿赠与他人的,受赠人因无偿受赠房屋取得的受赠所得,按照"偶然所得"项目缴纳个人所得税,税率为20%。

③对受赠人无偿受赠房屋计征个人所得税时,其应纳税所得额为房地产赠与合同上标明的赠与房屋价值减除赠与过程中受赠人支付的相关税费后的余额。赠与合同标明的房屋价值明显低于市场价格或房地产赠与合同未标明赠与房屋价值的,税务机关可依据受赠房屋的市场评估价格或采取其他合理方式确定受赠人的应纳税所得额。

④受赠人转让受赠房屋的,以其转让受赠房屋的收入减除原捐赠人取得该房屋的实际购置成本以及赠与和转让过程中受赠人支付的相关税费后的余额,为受赠人的应纳税所得额,计征个人所得税。受赠人转让受赠房屋价格明显偏低且无正当理由的,税务机关可以依据该房屋的市场评估价格或其他合理方式确定的价格核定其转让收入。

7.3.10.4 公益慈善事业捐赠

个人将其所得对教育、扶贫、济困等公益慈善事业进行捐赠,捐赠额未超过纳税人申报的应纳税所得额30%的部分,可以从其应纳税所得额中扣除;国务院规定对公益慈善事业捐赠实行全额税前扣除的,从其规定。计算公式为:

$$捐赠扣除限额 = 申报的应纳税所得额 \times 30\%$$

$$应纳税额 = (应纳税所得额 - 允许扣除的捐赠额) \times 适用税率 - 速算扣除数$$

【案例指导7-10】中国居民王华本年1月取得福利彩票中奖所得100 000元,当场拿出40 000元通过国家机关对贫困地区进行捐赠。计算王华当月的应纳个人所得税。

【案例解析】

$$未扣除捐赠前的应纳税所得额 = 100 000(元)$$

$$捐赠扣除限额 = 100 000 \times 30\% = 30 000(元)$$

40 000 元>30 000 元，只能扣除 30 000 元。

应纳税所得额 = 100 000-30 000 = 70 000（元），适用 20% 的税率，则应纳个人所得税 = 70 000×20% = 14 000（元）

7.3.10.5 取得境外所得

①居民个人来源于中国境外的综合所得，应当与境内综合所得合并计算应纳税额；来源于中国境外的经营所得，应当与境内经营所得合并计算应纳税额。

②居民个人来源于中国境外的利息、股息、红利所得，财产租赁所得，财产转让所得和偶然所得，不与境内所得合并，应当分别单独计算应纳税额。

【重点提示】居民个人来源于境外的经营所得，按照有关规定计算的亏损，不得抵减其境内或他国（地区）的应纳税所得额，但可以用来源于同一国家（地区）以后年度的经营所得按我国税法规定弥补。

③居民个人在一个纳税年度内来源于中国境外的所得已在境外实际缴纳所得税税额的允许在抵免限额内从其该纳税年度应纳税额中抵免，抵免限额按照下列公式计算：

来源于一国（地区）综合所得（经营所得）的抵免限额 = 中国境内和境外综合所得依照财政部、税务总局 2020 年第 3 号公告第二条规定计算的综合所得（经营所得）应纳税额×来源于该国（地区）的综合所得（经营所得）收入额/中国境内和境外综合所得（经营所得）收入额合计。

来源于一国（地区）其他分类所得的抵免限额 = 该国（地区）的其他分类所得依照财政部、税务总局 2020 年第 3 号公告第二条规定计算的应纳税额。

来源于一国（地区）所得的抵免限额 = 来源于该国（地区）综合所得抵免限额+来源于该国（地区）经营所得抵免限额+来源于该国（地区）其他分类所得抵免限额。

【重点提示】可抵免的境外所得税额不包括以下情形：

①按照境外所得税法律属于错缴或错征的境外所得税税额。

②按照我国政府签订的避免双重征税协定以及内地与香港、澳门签订的避免双重征税安排（以下统称税收协定）规定不应征收的境外所得税税额。

③因少缴或迟缴境外所得税而追加的利息、滞纳金或罚款。

④境外所得税纳税人或者其利害关系人从境外征税主体得到实际返还或补偿的境外所得税税款。

⑤已经免税的境外所得负担的境外所得税税款。

【重点提示】来源于一国（地区）的所得实际已经缴纳的所得税税额，超过抵免限额的，应在限额内进行抵免，超过部分可以在以后 5 个纳税年度内结转抵免。

【案例指导 7-11】李某为中国居民，20××年全年取得任职高校支付工资、薪金收入 240 000 元（已代扣代缴"三险一金"）。20××年 6 月，李某承接甲国一项咨询业务，取得劳务报酬折合人民币 100 000 元。20××年 9 月，李某的一本书在 B 国出版，取得稿酬所得折合人民币 80 000 元。李某的劳务报酬所得已按 A 国税法缴纳个人所得税 15 000 元；稿酬所得已按 B 国税法缴纳个人所得税 4200 元。李某 20××年每月享受的专项附加扣除金额为 3000 元，境内工资、薪金已预扣预缴税款 11 880 元。请根据现行税法规定，计算李某 20××年综合所得汇算清缴时应补缴（退）个人所得税款。

【案例解析】

①李某境内、境外综合所得应纳税额

来源于境内工资、薪金收入额为 240 000 元。

$$来源于 A 国的劳务报酬收入额 = 100 000×(1-20\%)=80 000(元)$$
$$来源于 B 国的稿酬收入额 = 80 000×(1-20\%)×70\%=44 800(元)$$
$$境内外综合所得收入额 = 240 000+80 000+44 800=364 800(元)$$

境内、境外综合所得应纳税额 = (364 800-60 000-3000×12)×20\%-16 920=36 840(元)

②来自 A 国所得的抵免限额 = 36 840×(80 000/364 800)=8078.95(元)

在 A 国实际缴纳个人所得税 15 000 元，所以按限额 8078.95 元进行抵免。

③来自 B 国所得的抵免限额 = 36 840×(448 004/364 800)=4524.21(元)

在 B 国实际缴纳的所得税 4200 元，所以按实缴税款 4200 元进行抵免。

④李某 20××年综合所得汇算清缴应补(退)税额

$$应补(退)税额 = 36 840-11 880-8078.95-4200=12 681.05(元)$$

A 国未抵免税额 = 15 000-8078.95=6921.05(元)，可在以后 5 年内李某来自 A 国所得的抵免限额的余额中抵扣。

7.4 个人独资企业和合伙企业投资者的税务处理

7.4.1 个人独资企业、合伙企业及纳税人

个人独资企业以投资者为纳税义务人，合伙企业以每一个合伙人为纳税义务人。

7.4.2 税 率

凡实行查账征税办法的，其税率运用"经营所得"5%~35%的五级超额累进税率，计算征收个人所得税。

实行核定应税所得率征收方式的，按照应税所得率计算其应纳税所得额，再按其应纳税所得额的大小，适用 5%~35%的五级超额累进税率计算征收个人所得税。

【重点提示】投资者兴办两个或两个以上企业的(包括参与兴办)，年度终了时，应汇总从所有企业取得的应纳税所得额，据此确定适用税率并计算缴纳个人所得税。

7.4.3 应纳税额的计算方法

7.4.3.1 查账征收的计算方法

①实行查账征收的个人投资者，兴办一个企业的，比照个体工商户经营所得应纳税额的计算方法。

②投资者兴办两个或两个以上企业的，并且企业性质全部是独资的，年度终了后汇算清缴时，其应纳税额的具体计算方法为：汇总其投资兴办的所有企业的经营所得作为应纳税所得额，以此确定适用税率，计算出全年经营所得的应纳税额，再根据每个企业的经营所得占所有企业经营所得的比例，分别计算出每个企业的应纳税额和应补缴税额。计算公

式如下：

$$应纳税所得额=\sum 各个企业的经营所得$$

$$应纳税额=应纳税所得额\times 税率-速算扣除数$$

$$本企业应纳税额=应纳税额\times 本企业的经营所得/\sum 各个企业的经营所得$$

$$本企业应补缴的税额=本企业应纳税额-本企业预缴的税额$$

7.4.3.2 核定征收的计算方法

（1）核定征收的范围

有下列情形之一的，主管税务机关应采取核定征收方式征收个人所得税：

①企业依照国家有关规定应当设置但未设置账簿的。

②企业虽设置账簿，但账目混乱或者成本资料、收入凭证、费用凭证残缺不全，难以查账的。

③纳税人发生纳税义务，未按照规定的期限办理纳税申报，经税务机关责令限期申报，逾期仍不申报的。

（2）核定征收方式

核定征收方式包括定额征收、核定应税所得率征收以及其他合理的征收方式。

实行核定应税所得率征收方式的，应纳所得税额的计算公式如下：

$$应纳所得税额=收入总额\times 应税所得率$$

或者：　　$$应纳所得税额=成本费用支出额/（1-应税所得率）\times 应税所得率$$

各行业的应税所得率见表7-6所列。

表7-6　各个行业应税所得率

行业	应税所得率
工业、商业、交通运输业	5%~20%
建筑业、房地产开发业	7%~20%
饮食服务业	7%~25%
娱乐业	20%~40%
其他行业	10%~30%

【**重点提示**】企业经营多业的，无论其经营项目是否单独核算，均应根据其主营项目确定其适用的应税所得率。实行核定征税的投资者不能享受个人所得税的优惠政策。

7.4.3.3 应纳税所得额的确定

个人独资企业和合伙企业的应纳税所得额，等于每一纳税年度的收入总额减除成本、费用以及损失后的余额。合伙企业的合伙人应纳税所得额的确认原则如下：

①合伙企业的合伙人以合伙企业的生产经营所得和其他所得，按照合伙协议约定的分配比例确定应纳税所得额。

②合伙协议未约定或者约定不明确的，以全部生产经营所得和其他所得，按照合伙人协商决定的分配比例确定应纳税所得额。

③协商不成的，以全部生产经营所得和其他所得，按照合伙人实缴出资比例确定应纳税所得额。

④无法确定出资比例的，以全部生产经营所得和其他所得，按照合伙人数量平均计算

每个合伙人的应纳税所得额。

⑤合伙协议不得约定将全部利润分配给部分合伙人。

【重点提示】合伙企业的合伙人是法人和其他组织的，合伙人在计算其缴纳企业所得税时，不得用合伙企业的亏损抵减其盈利。

7.4.3.4 扣除项目

凡实行查账征税办法的，计算生产经营所得时，扣除项目比照个体工商户相关规定执行。但下列项目扣除遵循如下规定：

①投资者的费用扣除标准。投资者的工资不得在税前直接扣除，但可按 60 000 元/年（即 5000 元/月）的标准扣除费用。

【重点提示】投资者兴办两个或两个以上企业的，其费用扣除标准由投资者选择在其中一个企业的生产经营所得中扣除。

②投资者及其家庭发生的生活费用不允许在税前扣除。投资者及其家庭发生的生活费用与企业生产经营费用混合在一起，并且难以划分的，全部视为生活费用，不允许在税前扣除。

③企业生产经营和投资者及其家庭生活共用的固定资产，难以划分的，由主管税务机关根据企业的生产经营类型、规模等具体情况，核定准予在税前扣除的折旧费用的数额或比例。

④企业向其从业人员实际支付的合理的工资、薪金支出，允许在税前据实扣除。

⑤企业缴拨的工会经费、发生的职工福利费、职工教育经费支出，分别在工资、薪金总额 2%、14%、2.5%的标准内据实扣除。

⑥每一纳税年度发生的与其生产经营业务直接相关的业务招待费支出，按照实际发生额的 60%扣除，但最高不得超过当年销售（营业）收入的 5 倍。

⑦每一纳税年度发生的与其生产经营活动直接相关的广告费和业务宣传费不超过当年销售（营业）收入 15%的部分，可以据实扣除；超过部分，准予在以后纳税年度结转扣除。

⑧计提的各种准备金不得扣除。

7.4.4 个人独资企业和合伙企业的亏损弥补

①企业的年度亏损，允许用本企业下一年度的生产经营所得弥补，下一年度所得不足弥补的，允许逐年延续弥补，但最长不得超过 5 年。

②投资者兴办两个或两个以上企业的，企业的年度经营亏损不能跨企业弥补。

③实行查账征税方式的个人独资企业和合伙企业改为核定征税方式后，在查账征税方式下认定的年度经营亏损未弥补完的部分，不得再继续弥补。

7.4.5 对外投资分回的利息或者股息、红利的税务处理

个人独资企业对外投资分回的利息或者股息、红利，不并入企业的收入，应单独作为投资者个人取得的利息、股息、红利所得，按"利息、股息、红利所得"应税项目计算缴纳个人所得税。以合伙企业名义对外投资分回利息或者股息、红利的，应按比例确定各个投资者的利息、股息、红利所得，分别按"利息、股息、红利所得"应税项目计算缴纳个人所得税。

7.5 个人所得税纳税申报

有下列情形之一的，纳税人应当依法办理纳税申报：

①取得综合所得需要办理汇算清缴。

②取得应税所得没有扣缴义务人或者扣缴义务人未扣缴税款。

③取得境外所得或因移居境外注销中国户籍。

④非居民个人在中国境内从两处以上取得工资、薪金所得。

⑤国务院规定的其他情形。

7.5.1 取得综合所得需要办理年度汇算清缴的纳税申报

取得综合所得且符合下列情形之一的，纳税人需办理年度汇算：

①已预缴税额大于年度汇算应纳税额且申请退税的。

②纳税年度内取得的综合所得收入超过12万元且需要补税金额超过400元的。

【重点提示】因适用所得项目错误或者扣缴义务人未依法履行扣缴义务，造成纳税年度内少申报或者未申报综合所得的，纳税人应当依法据实办理年度汇算。

7.5.2 取得经营所得的纳税申报

个人取得经营所得，按年计算个人所得税，由纳税人在月度或季度终了后15日内，向经营管理所在地主管税务机关办理预缴纳税申报，并报送《个人所得税经营所得纳税申报表(A表)》(表7-7)。在取得所得的次年3月31日前，向经营管理所在地主管税务机关办理汇算清缴，并报送《个人所得税经营所得纳税申报表(B表)》(略)；从两处以上取得经营所得的，选择向其中一处经营管理所在地主管税务机关办理年度汇总申报，并报送《个人所得税经营所得纳税申报表(C表)》(略)。

表 7-7　个人所得税经营所得纳税申报表(A表)

税款所属期：　　年 月 日至　　年 月 日

纳税人姓名：

纳税人识别号：　　　　　　　　　　　　　　　　　　　　　　金额单位：元(列至角分)

被投资单位信息		
名称		
纳税人识别号(统一社会信用代码)	□□□□□□□□□□□□□□□□□□	
征收方式(单选)		
□查账征收(据实预缴)□查账征收(按上年应纳税所得额预缴)□核定应税所得率征收□核定应纳税额征收□税务机关认可的其他方式		
个人所得税计算		
项目	行次	金额/比例
一、收入总额	1	
二、成本费用	2	

（续）

三、利润总额（第3行=第1行-第2行）	3	
四、弥补以前年度亏损	4	
五、应税所得率（%）	5	
六、合伙企业个人合伙人分配比例（%）	6	
七、允许扣除的个人费用及其他扣除（第7行=第8行+第9行+第14行）	7	
（一）投资者减除费用	8	
（二）专项扣除（第9行=第10行+第11行+第12行+第13行）	9	
1.基本养老保险费	10	
2.基本医疗保险费	11	
3.失业保险费	12	
4.住房公积金	13	
（三）依法确定的其他扣除（第14行=第15行+第16行+第17行）	14	
1.	15	
2.	16	
3.	17	
八、准予扣除的捐赠额（附报《个人所得税公益慈善事业捐赠扣除明细表》）	18	
九、应纳税所得额	19	
十、税率（%）	20	
十一、速算扣除数	21	
十二、应纳税额（第22行=第19行×第20行-第21行）	22	
十三、减免税额（附报《个人所得税减免税事项报告表》）	23	
十四、已缴税额	24	
十五、应补/退税额（第25行=第22行-第23行-第24行）	25	
备注		

谨声明：本表是根据国家税收法律法规及相关规定填报的，本人对填报内容（附带资料）的真实性、可靠性、完整性负责。

纳税人签字：　　年　月　日

经办人签字： 经办人身份证件类型： 经办人身份证件号码： 代理机构签章： 代理机构统一社会信用代码：	受理人： 受理税务机关（章）： 受理日期：　　年　月　日

7.5.3 综合所得汇算清缴管理办法

7.5.3.1 年度汇算的内容

年度终了后，纳税人需要汇总本年度 1 月 1 日至 12 月 31 日（以下称纳税年度）取得的综合所得收入额，减除费用 60 000 元以及专项扣除、专项附加扣除、依法确定的其他扣除和符合条件的公益慈善事业捐赠后，适用综合所得个人所得税税率并减去速算扣除数，计算年度汇算最终应纳税额，再减去纳税年度已预缴税额，得出应退或应补税额，向税务机关申报并办理退税或补税。具体计算公式如下：

$$应退或应补税额 = [（综合所得收入额 - 60\,000\,元 - "三险一金"等专项扣除 -$$
$$子女教育等专项附加扣除 - 依法确定的其他扣除 -$$
$$符合条件的公益慈善事业捐赠）×适用税率 -$$
$$速算扣除数] - 本年度已预缴税额$$

7.5.3.2 无需办理年度汇算的情形

纳税人在纳税年度已依法预缴个人所得税且符合下列情形之一的，无需办理年度汇算：

①年度汇算需补税但综合所得收入全年不超过 12 万元的。

②年度汇算需补税金额不超过 400 元的。

③已预缴税额与年度汇算应纳税额一致的。

④符合年度汇算退税条件但不申请退税的。

7.5.3.3 年度汇算办理时间

年度汇算办理时间为 3 月 1 日至 6 月 30 日。在中国境内无住所的纳税人 3 月 1 日前离境的，可以在离境前办理年度汇算。

7.5.3.4 年度汇算办理方式

纳税人可自主选择下列办理方式：

①自行办理年度汇算。

②通过任职受雇单位代为办理。由纳税人提出代办要求的，单位应当代为办理，或者培训、辅导纳税人通过自然人电子税务局完成年度汇算申报和退（补）税，纳税人未与单位确认请其代为办理年度汇算的，单位不得代办。

③委托涉税专业服务机构或其他单位及个人（以下称受托人）办理，纳税人与受托人需签订授权书。

7.5.3.5 年度汇算的退税、补税

①办理退税　综合所得全年收入额不超过 60 000 元且已预缴个人所得税的纳税人，可选择使用自然人电子税务局提供的简易申报功能，便捷办理年度汇算退税。

②办理补税　纳税人办理年度汇算补税的，可以通过网上银行、办税服务厅 POS 机刷卡、银行柜台、非银行支付机构等方式缴纳。邮寄申报并补税的，纳税人需通过自然人电子税务局或者主管税务机关办税服务厅及时关注申报进度并缴纳税款。

7.5.3.6 个人所得税年度汇算清缴流程

①下载个人所得税 APP。个人可以通过扫码下载，也可以通过手机应用商场搜索下载个人所得税 APP。

②登录 APP，首页点击"20××年综合所得年度汇算"专题——点击"开始申报"或者在首页点击"我要办税"——点击"综合所得年度汇算"进行申报。

填报方式有两种，一种是"申报表预填服务"方式；一种是"空白申报表申报"方式，一般选择"申报表预填服务"方式。

③进行申报表预填。点击"申报表预填服务"，点击"开始申报"→阅读并点击"我已阅读并知晓"→选择确认"任职受雇单位"→点击"下一步"→逐一确认收入和税前扣除。

④选择并确认"全年一次性奖金"是否并入综合所得。点击"工资薪金"→点击"奖金计税方式选择"→二选一→最后"确定"。

⑤核对或填报"收入""费用、免税收入和税前扣除"情况，核对完毕后点击"下一步"——系统根据计算结果在左下方显示"应补税额"或"应退税额"核对无误后点击"提交申报"→勾选"我已阅读并同意"→点击"确认"，即可完成申报。

第**8**章 其他税种（一）关税

✎ **学习目标**

1. 熟练掌握关税对应的征税对象与纳税义务人，准确判定实际业务涉及的税种。
2. 熟练掌握关税应纳税额的计算方法，准确计算应该缴纳的税额。
3. 熟知纳税义务发生时间、纳税期限和纳税地点的相关规定，熟练进行纳税申报表的填列，准确完成纳税申报。

按征税对象分类，我国流转税除前面章节提到的增值税、消费税外，还有关税。

8.1 关　税

8.1.1 概　念

关税是依法对进出境货物、物品征收的一种税。所谓"境"是指关境，又称"海关境域"或"关税领域"，是《中华人民共和国海关法》全面实施的领域。

8.1.2 征税对象与纳税义务人

8.1.2.1 征税对象

关税的征税对象是准许进出境的货物和物品。货物是指贸易性商品；物品是指入境旅客随身携带的行李物品、个人邮递物品、各种运输工具上的服务人员携带进口的自用物品、馈赠物品以及其他方式进境的个人物品。

8.1.2.2 纳税义务人

进口货物的收货人、出口货物的发货人、进出境物品的所有人，是关税的纳税义务人。进出口货物的收、发货人是依法取得对外贸易经营权，并进口或者出口货物的法人或者其他社会团体。进出境物品的所有人包括该物品的所有人和推定为所有人的人。

8.1.3 税　率

8.1.3.1 进口关税税率

我国进口关税设有最惠国税率、协定税率、特惠税率、普通税率、配额税率等税率形式，对进口货物在一定期限内可以实行暂定税率。

（1）最惠国税率

原产于与我国共同适用最惠国待遇条款的世界贸易组织成员，或原产于与我国签订有相互给予最惠国待遇条款的双边贸易协定的国家或地区进口的货物，以及原产于我国境内的进口货物适用最惠国税率。

（2）协定税率

协定税率适用原产于与我国签订含有关税优惠条款的区域性贸易协定的国家或地区的进口货物。

（3）特惠税率

特惠税率适用原产于与我国签订含有特殊关税优惠条款的贸易协定的国家或地区的进口货物。

（4）普通税率

普通税率适用于原产于上述国家或地区以外的其他国家或地区的进口货物，以及原产地不明的进口货物。按照普通税率征税的进口货物，经国务院关税税则委员会特别批准，可以适用最惠国税率。

（5）暂定税率

暂定税率是在海关进出口税则规定的进口优惠税率基础上，对进口的某些重要的工农业生产原材料和机电产品关键部件（但只限于从与中国订有关税互惠协议的国家和地区进口的货物）和出口的特定货物实施的更为优惠的关税税率。这种税率一般按照年度制定，并且可以随时根据需要恢复按照法定税率征税。

（6）配额税率

配额税率是指对实行关税配额管理的进口货物，关税配额内的，适用关税配额税率；关税配额外的，按不同情况分别适用于最惠国税率、协定税率、特惠税率或普通税率。

【重点提示】暂定税率优先适用于优惠税率或最惠国税率，适用协定税率、特惠税率的进口货物有暂定税率的，应当从低适用税率；当最惠国税率低于或等于协定税率时，协定有规定的，按相关协定的规定执行；协定无规定的，两者从低适用。

除另有规定外，我国对准予应税进口的旅客行李物品、个人邮寄物品以及其他个人自用物品，均由海关按照《中华人民共和国进境物品进口税税率表》（表8-1）的规定，征收进口关税、代征进口环节增值税和消费税等进口税。

表8-1 中华人民共和国进境物品进口税税率表

税目序号	物品名称	税率（%）
1	书报、刊物、教育用影视资料；计算机、视频摄录一体机、数字照相机等信息技术产品；食品、饮料；金银；家具；玩具；游戏品、节日或其他娱乐用品和药品	13
2	运动用品（不含高尔夫球及球具）、钓鱼用品；纺织品及其制成品；电视摄像机及其他电器用具；自行车；税目2、税目3中未包含的其他商品	20
3	烟、酒、贵重首饰及珠宝玉石；高尔夫球及球具；高档手表；化妆品	50

【重点提示】对国家规定减按3%征收进口环节增值税的进口药品，按照货物税率征税税目3所列商品的具体范围与消费税征收范围一致。

8.1.3.2 出口关税税率

我国仅对少数产品征收出口关税。《国务院关税税则委员会关于 2022 年关税调整方案的通知》(税委会〔2021〕18 号)规定，自 2022 年 1 月 1 日起继续对铭铁等 106 项商品征收出口关税，提高黄磷以外的其他磷和粗铜等 2 项商品的出口关税。目前出口税率有 5%，10%，15%，20%，25%，30%，40%，50%。

8.1.4 关税减免规定

8.1.4.1 法定减免税

下列进出口货物、物品予以减征或免征关税：

①关税税额在人民币 50 元以下的一票货物，可免征关税。

②无商业价值的广告品和货样，可免征关税。

③外国政府、国际组织无偿赠送的物资，可免征关税。

④进出境运输工具装载的途中必需的燃料、物料和饮食用品，可予免税。

⑤在海关放行前损失的货物，可免征关税。

⑥在海关放行前遭受损坏的货物，可以根据海关认定的受损程度减征关税。

⑦我国缔结或者参加的国际条约规定减征、免征关税的货物、物品，按照规定予以减免关税。

⑧法律规定减征、免征关税的其他货物、物品。

【重点提示】符合税法规定可予减免税的进出口货物，纳税义务人无须提出申请，海关可按规定直接予以减免税。

符合条件的下列进出口货物暂不缴纳关税：

①在展览会、交易会、会议及类似活动中展示或者使用的货物。

②文化、体育交流活动中使用的表演、比赛用品。

③进行新闻报道或者摄制电影、电视节目使用的仪器、设备及用品。

④开展科研、教学、医疗活动使用的仪器、设备及用品。

⑤在第(1)项至第(4)项所列活动中使用的交通工具及特种车辆。

⑥货样。

⑦供安装、调试、检测设备时使用的仪器、工具。

⑧盛装货物的容器。

⑨其他用于非商业目的的货物。

8.1.4.2 特定减免税

特定减免税也称特定或政策性减免税，主要包含以下方面：

(1)科教用品

对科学研究机构、技术开发机构、学校、党校(行政学院)、图书馆进口国内不能生产或性能不能满足需求的科学研究、科技开发和教学用品，免征进口关税和进口环节增值税、消费税。

(2)残疾人专用品

对残疾人专用品、有关单位进口国内不能生产的特定残疾人专用品，免征进口关税和进口环节增值税、消费税。

【重点提示】有关单位是指民政部直属企事业单位和省、自治区、直辖市民政部门所属福利机构、假肢厂和荣誉军人康复医院；中国残疾人联合会（中国残疾人福利基金会）直属事业单位和省、自治区、直辖市残疾人联合会（残疾人福利基金会）所属福利机构和康复机构。

（3）慈善捐赠物资

对我国关境外自然人、法人或者其他组织等境外捐赠人，无偿向经民政部或省级民政部门登记注册且被评定为5A级的、以人道救助和发展慈善事业为宗旨的社会团体或基金会，中国红十字会总会等七家全国性慈善或福利组织，以及国务院有关部门和各省、自治区、直辖市人民政府捐赠的，直接用于慈善事业的物资，免征进口关税和进口环节增值税。

（4）重大技术装备

对符合规定条件的企业及核电项目业主为生产国家支持发展的重大技术装备或产品而确有必要进口的部分关键零部件及原材料，免征关税和进口环节增值税。

8.1.4.3　临时减免税

临时减免税是指以上法定和特定减免税以外的其他减免税，即由国务院根据《海关法》对某个单位、某类商品、某个项目或某批进出口货物的特殊情况，给予特别照顾，一案一批，专文下达的减免税。一般有单位、品种、期限、金额或数量等限制，不能比照执行。

8.1.5　关税应纳税额的计算

8.1.5.1　从价税应纳税额的计算

目前，我国海关计征关税主要采用从价税。计算公式为：

关税税额＝应税进（出）口货物数量×单位完税价格×税率

8.1.5.2　从量税应纳税额的计算

我国目前对原油、啤酒和胶卷等进口商品计征关税采用从量税，计算公式为：

关税税额＝应税进（出）口货物数量×单位货物税额

【重点提示】这里的数量包括重量、容量、体积、长度等计量单位。

8.1.5.3　复合税应纳税额的计算

我国目前仅对录像机、放像机、摄像机、数字照相机和摄录一体机等进口商品征收复合税。计算公式为：

关税税额＝应税进（出）口货物数量×单位货物税额＋应税进（出）口货物数量×
单位完税价格×税率

8.1.5.4　滑准税应纳税额的计算

滑准税是根据货物的不同价格适用不同税率的一类特殊的从价关税，进口货物的价格越高，对应关税税率越低，反之则税率越高。计算公式为：

关税税额＝应税进（出）口货物数量×单位完税价格×滑准税税率

8.1.5.5 一般进口货物的完税价格

根据《海关法》规定，进口货物的完税价格包括货物的货价、货物运抵我国境内输入地点起卸前的运输及其相关费用、保险费。进口货物完税价格的确定方法大致可以划分为两类：一类是成交价格估价法，即以进口货物的成交价格为基础进行调整；另一类是海关估价法，即在进口货物的成交价格不符合规定条件或者成交价格不能确定的情况下，由海关审查确定进口货物完税价格的估价方法。

（1）成交价格估价法

进口货物的成交价格是指卖方向我国境内销售该货物时买方为进口该货物向卖方实付、应付的，并且按照《完税价格办法》有关规定调整后的价款总额，包括直接和间接支付的价款。

【**重点提示**】进口货物的保险费，应当按照实际支付的费用计算。如果进口货物的保险费无法确定或者未实际发生，海关应当按照"货价加运费"两者总额的0.3%。计算保险费，其计算公式为：保险费＝（货价+运费）×0.3%。

（2）进口货物海关估价法

进口货物的成交价格不符合规定条件或者成交价格不能确定的，依次以相同货物成交价格估价方法、类似货物成交价格估价方法、倒扣价格估价方法、计算价格估价方法及其他合理方法审查确定该货物的完税价格。

8.1.5.6 出口货物的完税价格

（1）以成交价格为基础的完税价格

出口货物的完税价格，由海关以该货物的成交价格为基础审查确定，并且应当包括货物运至我国境内输出地点装载前的运输及其相关费用、保险费。

下列税收、费用不计入出口货物的完税价格：

①出口关税。

②在货物价款中单独列明的货物运至我国境内输出地点装载后的运输及其相关费用、保险费。

（2）出口货物海关估价方法

出口货物的成交价格不能确定时，海关经了解有关情况，并且与纳税义务人进行价格磋商后，依次以下列价格审查确定该货物的完税价格：

①同时或者大约同时向同一国家或者地区出口的相同货物的成交价格。

②同时或者大约同时向同一国家或者地区出口的类似货物的成交价格。

③根据境内生产相同或者类似货物的成本、利润和一般费用（包括直接费用和间接费用）、境内发生的运输及其相关费用、保险费计算所得的价格。

【**案例指导8-1**】某商场近日进口一批高档化妆品。该批货物国外买价为100万元，运抵我国入关前发生的运输费、保险费和其他费用分别为10万元、6万元、4万元。货物报关后，该商场按规定缴纳了进口环节的增值税和消费税并取得了海关开具的缴款书，将化妆品从海关运往商场支付运费并取得增值税专用发票，注明运输费用2万元、增值税进项税额0.18万元，该批化妆品当月在国内全部销售，取得不含税销售额520万元（假定化妆品进口关税税率为20%，增值税税率为13%，消费税税率为15%）。

要求：计算该批化妆品进口环节应缴纳的关税、增值税、消费税和国内销售环节应缴纳的增值税。

【案例解析】

①关税完税价格=100+10+6+4=120（万元）

②应缴纳进口关税=120×20%=24（万元）

③进口环节的组成计税价格=（120+24）÷（1-15%）=169.41（万元）

④进口环节应缴纳增值税=169.41×13%=22.02（万元）

⑤进口环节应缴纳消费税=169.41×15%=25.41（万元）

⑥国内销售环节应缴纳增值税=520×13%-0.18-22.02=45.4（万元）

8.1.6 税款缴纳

进口货物自运输工具申报进境之日起 14 日内，出口货物在货物运抵海关监管区后装货的 24 小时以前，应由进出口货物的纳税义务人向货物进（出）境地海关申报，海关根据进出口货物的税则号列、完税价格、原产地、适用的税率和汇率计征税款，并填发税款缴款书。纳税义务人应当自海关填发税款缴款书之日起 15 日内，向指定银行缴纳税款。

【重点提示】逾期缴纳的，由海关按滞纳税款万分之五的比例按日征收，周末或法定节假日不予扣除，滞纳金起征点为 50 元。

第 9 章 其他税种（二）财产和行为税

财产行为税是指纳税人拥有的财产数量或者财产价值为征税对象，或是为了实现某种特定的目的，以纳税人的某些特定行为为征税对象的税种。例如我国现行的房产税、印花税、契税、车船税、土地增值税都属于这一类。

9.1 房产税

9.1.1 征税对象

房产税是以房屋为征税对象，按照房屋的计税余值或租金收入，向产权所有人征收的一种财产税。征税范围为城市、县城、建制镇和工矿区。

【重点提示】房产税的征税范围不包括农村。

9.1.2 纳税义务人

房产税以在征税范围内的房屋产权所有人为纳税人。其中：

①产权属国家所有的，由经营管理单位纳税；产权属集体和个人所有的，由集体单位和个人纳税。

②产权出典的，由承典人纳税。

③产权所有人、承典人不在房屋所在地的，或者产权未确定及租典纠纷未解决的，由房产代管人或者使用人纳税。

④无租使用其他房产的问题。无租使用其他单位房产的应税单位和个人，依照房产余值代缴纳房产税。

9.1.3 税 率

我国现行房产税采用的是比例税率。从价计征税率为 1.2%；从租计征税率为 12%。对个人出租住房，不区分用途，均按 4% 的税率征收房产税。对企事业单位、社会团体以及其他组织向个人、专业化规模化住房租赁企业出租住房的，减按 4% 的税率征收房产税。

9.1.4 计税依据

房产税的计税依据是房产的计税余值或房产的租金收入。按照房产计税余值征税的，称为从价计征；按照房产租金收入计征的，称为从租计征。

9.1.4.1 从价计征

《中华人民共和国房产税暂行条例》规定，从价计征房产税的计税余值是指依照税法规定按房产原值一次减除10%～30%损耗价值以后的余值。各地扣除比例由当地省、自治区、直辖市人民政府确定。

①房产原值是指纳税人在会计核算账簿"固定资产"科目中记载的房屋原价。对按照房产原值计税的房产，无论会计上如何核算，房产原值均应包含地价，包括为取得土地使用权支付的价款、开发土地发生的成本费用等。宗地容积率低于0.5的，按房产建筑面积的2倍计算土地面积并据此确定计入房产原值的地价。

②凡以房屋为载体，不可随意移动的附属设备和配套设施，如给排水、采暖、消防、中央空调、电气及智能化楼宇设备等，无论在会计核算中是否单独记账与核算，都应计入房产原值，计征房产税。

③纳税人对原有房屋进行改建、扩建的，要相应增加房屋的原值。

④居民住宅区内业主共有的经营性房产缴纳房产税。其中自营的，依照房产原值减除10%～30%后的余值计征；出租的，依照租金收入计征。

⑤凡在房产税征收范围内的具备房屋功能的地下建筑，包括与地上房屋相连的地下建筑以及完全建在地面以下的建筑、地下人防设施等，均应当依照有关规定征收房产税。

自用的地下建筑，按以下方式计税：

a. 工业用途房产，以房屋原价的50%～60%作为应税房产原值。

应纳房产税的税额＝应税房产原值×[1-（40%～50%）]×1.2%

b. 商业和其他用途房产，以房屋原价的70%～80%作为应税房产原值。

应纳房产税的税额＝应税房产原值×[1-（20%～30%）]×1.2%

⑥对于与地上房屋相连的地下建筑，如房屋的地下室、地下停车场、商场的地下部分等，应将地下部分与地上房屋视为一个整体，按照地上房屋建筑的有关规定计算征收房产税。

9.1.4.2 从租计征

房产出租的以房产租金收入为房产税的计税依据。

9.1.5 减免税优惠政策

①国家机关、人民团体、军队自用的房产免征房产税。此人民团体是指经国务院授权的政府部门批准设立或登记备案并由国家拨付行政事业费的各种社会团体。

②由国家财政部门拨付事业经费的单位，如学校、医疗卫生单位、托儿所、幼儿园、敬老院、文化、体育、艺术等实行全额或差额预算管理的事业单位所有的，本身业务范围内使用的房产免征房产税。

【重点提示】由国家财政部门拨付事业经费的单位，其经费来源实行自收自支后，应征收房产税。

③宗教寺庙、公园、名胜古迹自用的房产免征房产税。

【重点提示】宗教寺庙、公园、名胜古迹中附设的营业单位，如影剧院、饮食部、茶社、照相馆等所使用的房产及出租的房产，不属于免税范围，应照章纳税。

④个人所有非营业用的房产免征房产税。

⑤对非营利性医疗机构、疾病控制机构和妇幼保健机构等卫生机构自用的房产，免征房产税。

⑥对按政府规定价格出租的公有住房和廉租住房，包括企业和自收自支事业单位向职工出租的单位自有住房，房管部门向居民出租的公有住房，落实私房政策中带户发还产权并以政府规定租金标准向居民出租的私有住房等，暂免征收房产税。

⑦为支持公共租赁住房（公租房）的建设和运营，对经营公租房的租金收入，免征房产税。

⑧企业办的各类学校、医院、托儿所、幼儿园自用的房产，免征房产税。

⑨经有关部门鉴定，对毁损不堪居住的房屋和危险房屋，在停止使用后，可免征房产税。

⑩纳税人因房屋大修导致连续停用半年以上的，在房屋大修期间免征房产税。

⑪凡是在基建工地为基建工地服务的各种工棚、材料棚、休息棚、办公室、食堂、茶炉房、汽车房等临时性房屋，交施工企业使用的，在施工期间，一律免征房产税。在基建工程结束后，施工企业将这种临时性房屋交还或者低价转让给基建单位的，应当从基建单位接收的次月起，依照规定缴纳房产税。

⑫纳税单位与免税单位共同使用的房屋，按各自使用的部分分别征收或免征房产税。

⑬房地产开发企业建造的商品房，在出售前不征收房产税。但出售前房地产开发企业已使用或出租、出借的商品房，应按规定征收房产税。

⑭自2019年6月1日至2025年12月31日，为社区提供养老、托育、家政等服务的机构自用或其通过承租、无偿使用等方式取得并用于提供社区养老、托育、家政服务的房产免征房产税。

⑮自2018年1月1日至2023年12月31日，对纳税人及其全资子公司从事大型民用客机发动机、中大功率民用涡轴涡桨发动机研制项目自用的科研、生产、办公房产，免征房产税。

⑯自2022年1月1日至2024年12月31日，由省、自治区、直辖市人民政府根据本地区实际情况，依据"六税两费"优惠政策相关规定，对增值税小规模纳税人、小型微利企业和个体工商户可以在50%的税额幅度内减征房产税。

9.1.6 应纳税额的计算

9.1.6.1 从价计征的计算

从价计征是按房产的原值减除一定比例后的余值计征，其计算公式为：
$$应纳税额 = 应税房产原值 \times (1-扣除比例) \times 1.2\%$$

9.1.6.2 从租计征的计算

从租计征是按房产的租金收入计征，其计算公式为：
$$应纳税额 = 租金收入 \times 12\%（或4\%）$$

【案例指导8-2】某省一企业用6栋自有房屋从事生产经营，房产原值1500万元，不包括冷暖通风设备100万元；用2栋自有房屋租给某公司，年总租金收入50万元（不含增值税），请计算该企业当年应该缴纳的房产税（该省规定按房产原值一次扣除20%后的余值计税）。

【案例解析】

（1）自用房产应纳房产税额=[（1500+100）×（1-20%）]×1.2%=15.36（万元）

（2）租金收入应纳房产税额=50×12%=6（万元）

（3）全年应纳房产税额=15.36+6=21.36（万元）

9.1.7　纳税申报

9.1.7.1　纳税义务发生时间

①纳税人将原有房产用于生产经营，从生产经营之月起，缴纳房产税。

②纳税人自行新建房屋用于生产经营，从建成之次月起，缴纳房产税。

③纳税人委托施工企业建设的房屋，从办理验收手续之次月起，缴纳房产税。

④纳税人购置新建商品房，自房屋交付使用之次月起，缴纳房产税。

⑤纳税人购置存量房，自办理房屋权属转移、变更登记手续，房地产权属登记机关签发房屋权属证书之次月起，缴纳房产税。

⑥纳税人出租、出借房产，自交付出租、出借房产之次月起，缴纳房产税。

⑦房地产开发企业自用、出租、出借本企业建造的商品房，自房屋使用或交付之次月起，缴纳房产税。

⑧纳税人因房产的实物或权利状态发生变化而依法终止房产税纳税义务的，其应纳税款的计算应截止到房产的实物或权利状态发生变化的当月末。

9.1.7.2　纳税期限

房产税实行按年计算、分期缴纳的征收方法，具体纳税期限由省、自治区、直辖市人民政府确定。

9.1.7.3　纳税地点

房产税在房产所在地缴纳。房产不在同一地方的纳税人，应按房产的坐落地点分别向房产所在地的税务机关申报纳税。

9.1.7.4　纳税申报表填列

纳税人申报缴纳城镇土地使用税、房产税、契税、耕地占用税、土地增值税、印花税、车船税、烟叶税、环境保护税、资源税中一个或多个税种时，使用《财产和行为税纳税申报表》（表9-1）该表包含一张附表《财产和行为税减免税明细申报附表》（表略），纳税人新增税源或税源变化时，需先填报《财产和行为税税源明细表》，该表包括《城镇土地使用税、房产税税源明细表》《车船税税源明细表》《契税税源明细表》《印花税税源明细表》《资源税税源明细表》《耕地占用税税源明细表》《土地增值税税源明细表》《环境保护税税源明细表》《烟叶税税源明细表》。此节仅以《城镇土地使用税、房产税税源明细表》为例，见表9-2所列。

表 9-1　财产和行为税纳税申报表

纳税人识别号(统一社会信用代码)：

纳税人名称：

金额单位：元(列至角分)

序号	税种	税目	税款所属期起	税款所属期止	计税依据	税率	应纳税额	减免税额	已缴税额	应补(退)税额
1										
2										
3										
合计	—	—	—	—	—	—				

声明：此表是根据国家税收法律法规及相关规定填写的，本人(单位)对填报内容(及附带资料)的真实性、可靠性、完整性负责。

纳税人(签章)：

年　月　日

经办人： 经办人身份证号： 代理机构签章： 代理机构统一社会信用代码：	受理人： 受理税务机关(章)： 受理日期：　年　月　日

填表说明：

1. 本表适用于申报城镇土地使用税、房产税、契税、耕地占用税、土地增值税、印花税、车船税、烟叶税、环境保护税、资源税。

2. 本表根据各税种税源明细表自动生成，申报前需填写税源明细表。

3. 本表包含一张附表《财产和行为税减免税明细申报附表》。

9.2　土地增值税

9.2.1　概　念

土地增值税是以纳税人转让国有土地使用权、地上建筑物及其附着物(以下简称转让房地产)所取得的增值额为征税对象，依照规定税率征收的一种税。

9.2.2　纳税义务人

土地增值税的纳税人为转让国有土地使用权、地上的建筑物及其附着物(以下简称转让房地产)并取得收入的单位和个人。个人包括个体工商户和自然人。

纳税人识别号（统一社会信用代码）：
纳税人名称：

金额单位：元（列至角分）；面积单位：平方米

表9-2 城镇土地使用税房产税税源明细表

一、城镇土地使用税税源明细

*纳税人类型	土地使用权人口 集体土地使用人口 无偿使用人口 代管人口 实际使用人口（必选）	土地使用权人纳税人识别号（统一社会信用代码） / 土地使用权人名称
*土地编号	土地编号 / 土地名称	
不动产单元代码	宗地号 / 不动产权证号	
*土地取得方式	划拨口 出让口 转让口 租赁口 其他口（必选）	*土地性质：国有口 集体口（必选）
	*土地用途：工业口 商业口 居住口 综合口 房地产开发企业的开发用地口 其他口（必选）	
*土地坐落地址（详细地址）	省（自治区、直辖市） 市（区） 县（区） 乡镇（街道）（必填）	
*土地所属主管税务所（科、分局）		
*土地取得时间	年 月	
变更类型	纳税义务终止（权属转移口 其他口） 信息项变更（土地面积变更口 土地等级变更口 减免税变更口 其他口）	变更时间 年 月
*占用土地面积	地价	*土地等级

减免税部分

序号	减免性质代码和项目名称	减免起止时间		*税额标准	减免税	金额
		减免起始月份 年 月	减免终止月份 年 月		土地面积	月减免税
1						
2						
3						

二、房产税税源明细

（一）从价计征房产税税源明细

*纳税人类型	产权所有人口 经营管理人口 承典人口 房屋代管人口 房屋使用人口 融资租赁承租人口（必选）	所有权人纳税人识别号（统一社会信用代码） / 所有权人名称

（续）

*房产编号		房产名称	
不动产权证号		不动产单元代码	
*房屋坐落地址（详细地址）	省（自治区、直辖市） 市（区） 县（区） 乡镇（街道）（必填）		
*房产所属主管税务所（科、分局）			
房屋所在土地编号			
*房产用途	工业□ 商业及办公□ 住房□ 其他□ （必选）		
*房产取得时间	年 月	变更类型	纳税义务终止（权属转移□ 其他□） 信息项变更（房产原值变更□ 出租房产原值变更□ 减免税变更□ 申报租金收入变更□） 其他□ （必选） 变更时间 年 月
*建筑面积		其中：出租面积	
*房产原值		其中：出租房产原值 计税比例	

减免税部分	序号	减免性质代码和项目名称	减免起始时间 减免起始月份 年 月	减免终止时间 减免终止月份 年 月	减免税 房产原值	月减免税金额
	1					
	2					
	3					

（二）从租计征房产税明细

*房产编号		房产名称	
*房产所属主管税务所（科、分局）			
承租方纳税人识别号（统一社会信用代码）		承租方名称	
*出租面积		*申报租金收入	
*申报租金所属租赁期起		*申报租金所属租赁期止	

减免税部分	序号	减免性质代码和项目名称	减免起始时间 减免起始月份 年 月	减免终止时间 减免终止月份 年 月	减免税 租金收入	月减免税金额
	1					
	2					
	3					

9.2.3 征税范围

9.2.3.1 征税范围的一般规定

①转让国有土地使用权。转让国有土地使用权是指土地使用者通过出让方式，向政府缴纳了土地出让金，有偿受让土地使用权后，对土地进行通水、通电、通路和平整土地等土地开发但不进行房产开发。

②地上的建筑物及其附着物连同国有土地使用权一并转让。地上的建筑物及其附着物连同国有土地使用权一并转让，包括转让新建房产和转让旧房。

【重点提示】政府出让土地的行为及取得的收入不属于土地增值税征税范围之列。

9.2.3.2 征税范围的特殊规定

①合作建房。一方出土地，一方出资金，双方合作建房，建成后分房自用的，暂免征收土地增值税；建成后转让的，应征土地增值税。

②房地产交换。个人之间互换自有居住用房地产的，经当地税务机关核实，可以免征土地增值税。

③房地产抵押。在抵押期间不征收土地增值税。待抵押期满后，视该房地产是否转移产权来确定是否征收土地增值税。以房地产抵债而发生房地产产权转让的，属于土地增值税的征税范围。

④房地产出租。不属于土地增值税的征税范围。

⑤房地产评估增值。不属于土地增值税的征税范围。

⑥国家收回国有土地使用权、征收地上建筑物及附着物。免征土地增值税。

⑦房地产的代建房行为。房地产开发公司代客户进行房地产开发，开发完成后向客户收取代建收入的代建行为，不属于土地增值税的征税范围。

⑧房地产的继承。不属于土地增值税的征税范围。

⑨房地产的赠与。房产所有人、土地使用权所有人将房屋产权、土地使用权赠与直系亲属或承担直接赡养义务人或者通过中国境内非营利的社会团体、国家机关将房屋产权、土地使用权赠与教育、民政和其他社会福利、公益事业的行为，不属于土地增值税的征税范围。

⑩土地使用者转让、抵押或置换二地。只要土地使用者享有占有、使用、收益或处分该土地的权利，且有合同等证据表明其实质转让、抵押或置换了土地并取得了相应的经济利益，土地使用者及其对方当事人就应当依照税法规定缴纳土地增值税等相关税收。

9.2.4 税 率

土地增值税采用四级超率累进税率，详见表9-3所列。

表 9-3 土地增值税四级超率累进税率表

级数	增值额与扣除项目金额的比率	税率（%）	速算扣除系数（%）
1	未超过 50% 的部分	30	0
2	超过 50% 未超过 100% 的部分	40	5
3	超过 100% 未超过 200% 的部分	50	15
4	超过 200% 的部分	60	35

9.2.5 税收优惠政策

9.2.5.1 转让普通标准住宅，转让旧房作为改造安置住房、公租房的税收优惠

①纳税人建造普通标准住宅出售，增值额未超过扣除项目金额之和 20%（含 20%）的，免征土地增值税；增值额超过扣除项目金额之和 20% 的，应就其全部增值额按规定计税。

【重点提示】对纳税人既建普通标准住宅，又建造其他房地产开发的，应分别核算增值额；不分别核算增值额或不能准确核算增值额的，其建造的普通标准住宅不适用该免税规定。

②企事业单位、社会团体以及其他组织转让旧房作为改造安置住房和公租房房源且增值额未超过扣除项目金额 20% 的，免征土地增值税。

9.2.5.2 国家征收、收回的房地产的税收优惠

①因国家建设需要依法征收、收回的房地产，免征土地增值税。

②因城市实施规划、国家建设的需要而搬迁，由纳税人自行转让原房地产的，免征土地增值税。

9.2.5.3 企业改制重组的税收优惠

自 2021 年 1 月 1 日至 2027 年 12 月 31 日，企业改制重组享受以下优惠政策：

①对改制前的企业将房地产转移、变更到改制后的企业，暂不征土地增值税。

②按照法律规定或者合同约定，两个或两个以上企业合并为一个企业，且原企业投资主体存续的，对原企业将房地产转移、变更到合并后的企业，暂不征土地增值税。

③按照法律规定或者合同约定，企业分设为两个或两个以上与原企业投资主体相同的企业，对原企业将房地产转移、变更到分立后的企业，暂不征土地增值税。

④单位、个人在改制重组时以房地产作价入股进行投资，对其将房地产转移、变更到被投资的企业，暂不征土地增值税。

【重点提示】上述 1~4 项政策不适用于房地产转移任意一方为房地产开发企业的情形。

9.2.5.4 其他税收优惠

对个人销售住房暂免征收土地增值税。

9.2.6 应纳税额的计算

9.2.6.1 土地增值税的计算过程

土地增值税按照纳税人转让房地产所取得的增值额和规定的税率计算征收。计算过程为：

第一步求增值额：增值额=转让房地产的总收入-扣除项目金额；

第二步求土地增值率：土地增值率=增值额/扣除项目金额；

第三步根据土地增值率确定适用税率，按照超率累进税率计算应纳税额。

（1）转让房地产的总收入

它包括转让房地产的全部价款及有关的经济收益，包括货币收入、实物收入和其他收入。

（2）扣除项目

以下项目准予从房地产转让收入额中减除：

①取得土地使用权所支付的金额。包括纳税人为取得土地使用权所支付的地价款以及纳税人在取得土地使用权时按国家统一规定缴纳的有关费用。

②房地产开发成本。包括土地的征用及拆迁补偿费、前期工程费、建筑安装工程费、基础设施费、公共配套设施费、开发间接费用等。

③房地产开发费用。与房地产开发项目有关的销售费用、管理费用和财务费用。

④与转让房地产有关的税金。在转让房地产时缴纳的城市维护建设税、印花税、教育费附加。

⑤财政部确定的其他扣除项目。

【重点提示】对从事房地产开发的纳税人，允许按取得土地使用权所支付的金额和房地产开发成本之和，加计20%的扣除。

9.2.6.2 应纳税额的计算方法

土地增值税的计算公式为：

$$应纳税额=\sum（每级距的土地增值额×适用税率）$$

但在实际工作中，分步计算比较烦琐，一般可以采用速算扣除法计算。具体方法如下：

$$应纳税额=土地增值额×适用税率-扣除项目金额×速算扣除系数$$

【案例指导8-3】假定某房地产开发公司转让商品房一栋，取得收入总额为1000万元，应扣除的购买土地成本、开发成本、开发费用、相关税金以及其他扣除项目总金额合计400万元，请计算应缴纳的土地增值税额。

【案例解析】

①增值额=1000-400=600（万元）

②增值率=600/400×100%=150%

100%＜增值率＜200%，因此对应税率为50%，速算扣除系数为15%。

③应缴纳土地增值税=600×50%-400×15%=240（万元）

9.2.7 纳税申报

9.2.7.1 预征管理

由于房地产开发与转让周期较长，造成土地增值税征管难度大，因此，对纳税人在项目全部竣工结算前转让房地产取得的收入，可以预征土地增值税，具体办法由各省、自治区、直辖市税务局根据当地情况制定。

9.2.7.2 纳税地点

在实际工作中，纳税地点的确定又可分为以下两种情况：

①纳税人是法人的。当转让的房地产坐落地与其机构所在地或经营所在地一致时，则在办理税务登记的原管辖税务机关申报纳税即可；不一致时，则应在房地产坐落地所管辖的税务机关申报纳税。

②纳税人是自然人的。当转让的房地产坐落地与其居住所在地一致时，则在住所所在地税务机关申报纳税；不一致时，则在房地产坐落地的税务机关申报纳税。

9.2.7.3 纳税申报表填列

纳税人申报缴纳土地增值税，使用《财产和行为税纳税申报表》（表9-1）。纳税人新增税源或税源变化时，需先填报《财产和行为税税源明细表》中的"土地增值税税源明细表"（略）。

9.3 车船税

9.3.1 概 念

以车船为特征对象，向车辆与船舶（以下简称车船）的所有人或者管理人征收的一种税。其中，管理人是指对车船具有管理权或者使用权，不具有所有权的单位和个人。

9.3.2 纳税义务人

在我国境内属于《中华人民共和国车船税法》所附《车船税税目税额表》规定的车辆、船舶的所有人或者管理人，为车船税的纳税人。

9.3.3 征税对象及范围

①依法应当在车船登记管理部门登记的机动车辆和船舶。

②依法不需要在车船登记管理部门登记的在单位内部场所行驶或者作业的机动车辆和船舶。

【重点提示】纯电动乘用车和燃料电池乘用车不属于车船税征税范围，对其不征车船税。

9.3.4 税目及税率

车船税采用定额税率，具体税目和税率见表9-4所列。

表 9-4 车船税税目税额表

税目		计税单位	年基准税额	备注
乘用车 ［按发动机汽缸容量（排气量）分档］	1.0升(含)以下的	每辆	60元至360元	核定载客人数9人(含)以下
	1.0升以上至1.6升(含)的		300元至540元	
	1.6升以上至2.0升(含)的		360元至660元	
	2.0升以上至2.5升(含)的		660元至1200元	
	2.5升以上至3.0升(含)的		1200元至2400元	
	3.0升以上至4.0升(含)的		2400元至3600元	
	4.0升以上的		3600元至5400元	
商用车	客车	每辆	480元至1440元	核定载客人数9人以上，包括电车
	货车	整备质量每吨	16元至120元	包括半挂牵引车、三轮汽车和低速载货汽车等
挂车			按照货车税额的50%计算	
其他车辆	专用作业车		16元至120元	不包括拖拉机
	轮式专用机械车		16元至120元	
摩托车		每辆	36元至180元	
船舶	机动船舶	净吨位每吨	3元至6元	①净吨位不超过200吨的，每吨3元 ②净吨位超过200吨但不超过2000吨的，每吨4元 ③净吨位超过2000吨但不超过10 000吨的，每吨5元 ④净吨位超过10 000吨的，每吨6元 ⑤拖船、非机动驳船分别按照机动船舶税额的50%计算
	游艇	艇身长度每米	600元至2000元	①艇身长度不超过10米的游艇，每米600元 ②艇身长度超过10米但不超过18米的游艇，每米900元 艇身长度超过18米但不超过30米的游艇，每米1300元 艇身长度超过30米的游艇，每米2000元。 辅助动力帆艇，每米600元

9.3.5 减免税优惠政策

9.3.5.1 一般规定

捕捞、养殖渔船，军队、武装警察部队专用的车船，警用车船，悬挂应急救援专用号牌的国家综合性消防救援车辆和国家综合性消防救援专用船舶，依照法律规定应当予以免税的外国驻华使领馆、国际组织驻华代表机构及其有关人员的车船免征车船税。

对受严重自然灾害影响纳税困难以及有其他特殊原因确需减税、免税的，可以减征或者免征车船税。具体减免期限和数额由省、自治区、直辖市人民政府确定，报国务院备案。

省、自治区、直辖市人民政府根据当地实际情况，可以对公共交通车船，农村居民拥有并主要在农村地区使用的摩托车、三轮汽车和低速载货汽车定期减征或者免征车船税。

【重点提示】免征或者减半征收车船税的车船的范围，由国务院财政、税务主管部门和国务院有关部门制订，报国务院批准。

9.3.5.2 特殊规定

①经批准临时入境的外国车船和香港特别行政区、澳门特别行政区、台湾地区的车船，不征收车船税。

②国家综合性消防救援车辆由部队号牌改挂应急救援专用号牌的，一次性免征改挂当年车船税。

③同时符合以下条件的节能乘用车，减半征收车船税。

a. 获得许可在中国境内销售的排量为1.6升以下（含1.6升）的燃用汽油、柴油的乘用车（含非插电式混合动力、双燃料和两用燃料乘用车）；

b. 综合工况燃料消耗量应符合标准。

④同时符合以下标准的节能商用车减半征收车船税。

a. 获得许可在中国境内销售的燃用天然气、汽油、柴油的轻型和重型商用车（含非插电式混合动力、双燃料和两用燃料轻型和重型商用车）；

b. 燃用汽油、柴油的轻型和重型商用车综合工况燃料消耗量应符合标准。

⑤同时符合以下标准的新能源汽车免征车船税

a. 获得许可在中国境内销售的纯电动商用车、插电式（含增程式）混合动力汽车、燃料电池商用车；

b. 符合新能源汽车产品技术标准；

c. 通过新能源汽车专项检测，符合新能源汽车标准；

d. 新能源汽车生产企业或进口新能源汽车经销商在产品质量保证、产品一致性、售后服务、安全监测、动力电池回收利用等方面符合相关要求。

⑥免征车船税的新能源船舶应符合以下标准

船舶的主推进动力装置为纯天然气发动机。发动机采用微量柴油引燃方式且引燃油热值占全部燃料总热值的比例不超过5%的，视同纯天然气发动机。

【重点提示】免征车船税的新能源汽车是指纯电动商用车、插电式（含增程式）混合动力汽车、燃料电池商用车。

9.3.6 应纳税额的计算

应纳税额=应税数量×年基准税额

①若是购置的新车船，则购置当年的应纳税额自纳税义务发生的当月起按月计算。计算公式为：

$$应纳税额 = (年应纳税额/12) \times 应纳税月份数$$

②已缴纳车船税的车船在同一纳税年度内办理转让过户的，不另纳税，也不退税。

9.3.7 车船税的代收代缴

9.3.7.1 保险机构代收代缴

从事机动车第三者责任强制保险业务的保险机构为机动车车船税的扣缴义务人，应当在收取保险费时依法代收车船税，并在"交强险"的保险单以及保费发票上注明已收税款的信息，作为代收税款凭证。

9.3.7.2 交通运输部门海事管理机构代为征收船舶车船税

自2013年2月1日起，税务机关可以委托交通运输部门海事管理机构代为征收船舶车船税税款。在交通运输部直属海事管理机构（以下简称海事管理机构）登记的应税船舶，其车船税由船籍港所在地的税务机关委托当地海事管理机构代征。

（1）代征环节

海事管理机构受税务机关委托，在办理船舶登记手续或受理年度船舶登记信息报告时，代征船舶车船税。

（2）计算方法

①船舶按一个年度计算车船税。计算公式为：

$$年应纳税额 = 应税数量 \times 年基准税额$$

②购置的新船舶，购置当年的应纳税额自纳税义务发生时间起至该年度终了按月计算。计算公式为：

$$应纳税额 = 年应纳税额 \times 应纳税月份数/12$$

$$应纳税月份数 = 12 - 纳税义务发生时间（取月份）+ 1$$

【重点提示】海事管理机构在代征税款时，应向纳税人开具税务机关提供的完税凭证。完税凭证的管理应当遵守税务机关的相关规定。

9.3.8 车船税的征税管理

9.3.8.1 纳税期限

车船税纳税义务发生时间为取得车船所有权或者管理权的当月，即为购买车船的发票或者其他证明文件所载日期的当月。对于在国内购买的机动车，购买日期以《机动车销售统一发票》所载日期为准；对于进口机动车，购买日期以《海关关税专用缴款书》所载日期为准；对于购买的船舶，以购买船舶的发票或者其他证明文件所载日期的当月为准。

9.3.8.2 纳税地点

车船税的纳税地点为车船的登记地或者车船税扣缴义务人所在地。依法不需要办理登记的车船，车船税的纳税地点为车船的所有人或者管理人所在地。

9.3.8.3 申报方式

车船税按年申报，分月计算，一次性缴纳。纳税年度为公历 1 月 1 日至 12 月 31 日，具体申报纳税期限由省、自治区、直辖市人民政府规定。

9.3.8.4 纳税申报表填列

纳税人申报缴纳车船税，使用《财产和行为税纳税申报表》（表 9-1）。纳税人新增税源或税源变化时，需先填报《财产和行为税税源明细表》中的"车船税税源明细表"见表 9-5 所列。

表 9-5　车船税税源明细表

纳税人识别号（统一社会信用代码）：

纳税人名称：

体积单位：升；质量单位：吨；功率单位：千瓦；长度单位：米

车辆税源明细											
序号	车牌号码	*车辆识别代码（车架号）	*车辆类型	车辆品牌	车辆型号	*车辆发票日期或注册登记日期	排(气)量	核定载客	整备质量	*单位税额	减免性质代码和项目名称	纳税义务终止时间
1												
2												
3												

船舶税源明细														
序号	船舶登记号	*船舶识别号	*船舶种类	*中文船名	初次登记号码	船籍港	发证日期	取得所有权日期	建成日期	净吨位	主机功率	艇身长度（总长）	*单位税额	减免性质代码和项目名称	纳税义务终止时间
1															
2															
3															

9.4　印花税

印花税是以经济活动和经济交往中，书立应税凭证、进行证券交易的行为为征税对象征收的一种税。

9.4.1　纳税义务人

在中华人民共和国境内书立应税凭证、进行证券交易的单位和个人以及在中华人民共和国境外书立在境内使用的应税凭证的单位和个人，为印花税的纳税人。

【重点提示】凡由两方或两方以上当事人共同书立的应税凭证，其当事人各方都是印花税的纳税人，应各就其所持凭证的计税金额履行纳税义务。

9.4.2 税目与税率

9.4.2.1 税目

印花税有17个税目，借款合同、买卖合同等，详见表9-6所列：

表9-6 印花税税目、税率表

税目		税率	备注
合同（指书面合同）	借款合同	借款金额的0.05‰	指银行业金融机构、经国务院银行业监督管理机构批准设立的其他金融机构与借款人(不包括同业拆借)的借款合同
	融资租赁合同	租金的0.05‰	
	买卖合同	价款的0.3‰	指动产买卖合同(不包括个人书立的动产买卖合同)
	承揽合同	报酬的0.3‰	
	建设工程合同	价款的0.3‰	
	运输合同	运输费用的0.3‰	指货运合同和多式联运合同(不包括管道运输合同)
	技术合同	价款、报酬或者使用费的0.3‰	不包括专利权、专有技术使用权转让书据
	租赁合同	租金的0.1‰	
	保管合同	保管费的0.1‰	
	仓储合同	仓储费的0.1‰	
	财产保险合同	保险费的0.1‰	不包括再保险合同
产权转移书据	土地使用权出让书据	价款的0.5‰	转让包括买卖(出售)、继承、赠与、互换、分割
	土地使用权、房屋等建筑物和构筑物所有权转让书据(不包括土地承包经营权和土地经营权转移)	价款的0.5‰	
	股权转让书据(不包括应缴纳证券交易印花税的)	价款的0.5‰	
	商标专用权、著作权、专利权、专有技术使用权转让书据	价款的0.3‰	
营业账簿		实收资本(股本)、资本公积合计金额的0.25‰	
证券交易		成交金额的1‰	

9.4.2.2　税率及计税依据

根据《中华人民共和国印花税法》规定，目前我国印花税采用比例税率，分为 4 个档次。计税依据为应税凭证记载的金额及证券交易成交金额。

【重点提示】①同一应税凭证载有两个以上税目事项并分别列明金额的，按照各自适用的税目税率分别计算应纳税额；未分别列明金额的，从高适用税率。②已缴纳印花税的营业账簿，以后年度记载金额有增加的，按照增加部分计算应纳税额。

9.4.3　免税优惠政策

下列凭证免征印花税：

（1）应税凭证的副本或者抄本。

（2）依照法律规定应当予以免税的外国驻华使馆、领事馆和国际组织驻华代表机构为获得馆舍书立的应税凭证。

（3）中国人民解放军、中国人民武装警察部队书立的应税凭证。

（4）农民、家庭农场、农民专业合作社、农村集体经济组织、村民委员会购买农业生产资料或者销售农产品书立的买卖合同和农业保险合同。

（5）无息或者贴息借款合同、国际金融组织向中国提供优惠贷款书立的借款合同。

（6）财产所有权人将财产赠与政府、学校、社会福利机构、慈善组织书立的产权转移书据。

（7）非营利性医疗卫生机构采购药品或者卫生材料书立的买卖合同。

（8）个人与电子商务经营者订立的电子订单。

【重点提示】①国务院对居民住房需求保障、企业改制重组、破产、支持小型微型企业发展等情形可以规定减征或者免征印花税，报全国人民代表大会常务委员会备案。②自 2023 年 1 月 1 日至 2027 年 12 月 31 日对增值税小规模纳税人、小型微利企业和个体工商户减半征收印花税（不含证券交易印花税）。

9.4.4　应纳税额的计算

$$应纳税额 = 计税金额 \times 比例税率$$

9.4.5　纳税申报

9.4.5.1　纳税期限和纳税方式

①印花税按季、按年或者按次计征。实行按季、按年计征的，纳税人应当自季度、年度终了之日起十五日内申报缴纳税款；实行按次计征的，纳税人应当自纳税义务发生之日起十五日内申报缴纳税款。

证券交易印花税按周解缴。证券交易印花税扣缴义务人应当自每周终了之日起五日内申报解缴税款以及银行结算的利息。

②印花税可以采用粘贴印花税票或者由税务机关依法开具其他完税凭证的方式缴纳。印花税票粘贴在应税凭证上的，由纳税人在每枚税票的骑缝处盖戳注销或者画销。

9.4.5.2 纳税义务确认

印花税的纳税义务发生时间为纳税人书立应税凭证的当日，证券交易印花税扣缴义务发生时间为证券交易完成的当日。

9.4.5.3 纳税地点

纳税人为单位的，应当向其机构所在地的主管税务机关申报缴纳印花税；纳税人为个人的，应当向应税凭证书立地或者纳税人居住地的主管税务机关申报缴纳印花税。不动产产权发生转移的，纳税人应当向不动产所在地的主管税务机关申报缴纳印花税。

9.4.5.4 纳税申报表填列

纳税人申报缴纳印花税，使用《财产和行为税纳税申报表》(表9-1)。纳税人新增税源或税源变化时，需先填报《财产和行为税税源明细表》中的《印花税税源明细表》见表9-7所列。

表9-7 印花税税源明细表

纳税人识别号(统一社会信用代码)：

纳税人(缴费人)名称： 金额单位：元(列至角分)

序号	*应税凭证税务编号	应税凭证编号	*应税凭证名称	*申报期限类型	应税凭证数量	*税目	子目	*税款所属期起	*税款所属期止	*应税凭证书立日期	*计税金额	实际结算日期	实际结算金额	*税率	减免性质代码和项目名称	对方书立人信息		
																对方书立人名称	对方书立人纳税人识别号(统一社会信用代码)	对方书立人涉及金额
1																		
2																		
3																		

9.5 契　税

9.5.1 概　念

契税是以在中华人民共和国境内转移土地、房屋权属为征税对象，向产权承受人征收的一种财产税。

9.5.2 纳税义务人和征税范围

9.5.2.1 纳税义务人

契税的纳税义务人是境内转移土地、房屋权属，承受的单位和个人。转移土地、房屋权属行为包括土地使用权出让、土地使用权转让、房屋买卖、赠与、互换。

9.5.2.2　征税范围

以下行为属于契税的征税范围。

①以作价投资（入股）、偿还债务等应交付经济利益的方式转移土地、房屋权属的，参照土地使用权出让、出售或房屋买卖确定契税适用税率、计税依据等。

②以划转、奖励等没有价格的方式转移土地、房屋权属的，参照土地使用权或房屋赠与确定契税适用税率、计税依据等。

【重点提示】税务机关依法核定计税价格，应参照市场价格，采用房地产价格评估等方法合理确定；以自有房产作股投入本人独资经营的企业，免纳契税。

③买房拆料或翻建新房，应照章征收契税。例如，甲某购买乙某房产，不论其目的是取得该房产的建筑材料或是翻建新房，实际构成房屋买卖。甲某应首先办理房屋产权变更手续，并按买价缴纳契税。

④房屋赠与。

【重点提示】①房屋赠与的前提必须是产权无纠纷，赠与人和受赠人双方自愿。如果房屋赠与行为涉及涉外关系，还需公证处证明和外事部门认证，才能有效。②对于《中华人民共和国继承法》规定的法定继承人继承土地、房屋权属的，不征收契税；非法定继承人根据遗嘱承受死者生前的土地房屋权属，属于赠与行为，应征收契税。③以获奖方式取得房屋产权，也应缴纳契税。

⑤房屋互换。

⑥下列情形发生土地、房屋权属转移的，承受方应当依法缴纳契税。

因共有不动产份额变化的；因共有人增加或者减少的。③因人民法院、仲裁委员会的生效法律文书或者监察机关出具的监察文书等因素，发生土地、房屋权属转移的。

9.5.3　税　率

契税实行3%~5%的幅度税率。具体执行税率，由各省、自治区、直辖市决定。

9.5.4　税收优惠政策

9.5.4.1　免征契税行为

①国家机关、事业单位、社会团体、军事单位承受土地、房屋用于办公、教学、医疗、科研和军事设施的。

②非营利性的学校、医疗机构、社会福利机构承受土地、房屋权属用于办公、教学、医疗、科研、养老、救助。

③承受荒山、荒地、荒滩土地使用权，并用于农、林、牧、渔业生产。

④婚姻关系存续期间或因离婚分割共同财产发生土地、房屋权属变更。

⑤法定继承人通过继承承受土地、房屋权属。

⑥依照法律规定应当予以免税的外国驻华使馆、领事馆和国际组织驻华代表机构承受土地、房屋权属。

⑦城镇职工按规定第一次购买公有住房。

⑧廉租住房经营管理单位购买住房作为廉租住房、经济适用住房经营管理单位回购经

济适用住房继续作为经济适用住房房源。

⑨金融租赁公司开展售后回租业务，承受承租人房屋、土地权属的，照章征税。对售后回租合同期满，承租人回购原房屋、土地权属的，免征契税。

⑩棚户区改造中，经营管理单位回购已分配的改造安置住房继续作为改造安置房源。

⑪易地扶贫搬迁贫困人口按规定取得的安置住房。

9.5.4.2 省、自治区、直辖市可以决定对下列情形免征或者减征契税

①因土地、房屋被县级以上人民政府征收、征用，重新承受土地、房屋权属。

②因不可抗力灭失住房，重新承受住房权属。

③对个人购买家庭唯一住房（家庭成员范围包括购房人、配偶以及未成年子女，下同），面积为90平方米及以下的，减按1%的税率征收契税；面积为90平方米以上的，减按1.5%的税率征收契税。

对个人购买家庭第二套改善性住房，面积为90平方米及以下的，减按1%的税率征收契税；面积为90平方米以上的，减按2%的税率征收契税。

【**重点提示**】北京市、上海市、广州市、深圳市不实施第二套改善性住房政策。

9.5.5 应纳税额的计算

$$应纳税额=计税依据×税率$$

【**重点提示**】契税计税依据不包括增值税。

9.5.6 纳税申报

9.5.6.1 纳税义务发生时间

契税的纳税义务发生时间是纳税人签订土地、房屋权属转移合同的当日，或者纳税人取得其他具有土地、房屋权属转移合同性质凭证的当日。特殊情形下，契税纳税义务发生时间规定如下：

①因人民法院、仲裁委员会的生效法律文书或者监察机关出具的监察文书等发生土地、房屋权属转移的，纳税义务发生时间为法律文书等生效当日。

②因改变土地、房屋用途等情形应当缴纳已经减征、免征契税的，纳税义务发生时间为改变有关土地、房屋用途等情形的当日。

③因改变土地性质、容积率等土地使用条件需补缴土地出让价款，应当缴纳契税的，纳税义务发生时间为改变土地使用条件当日。

发生上述情形，按规定不再需要办理土地、房屋权属登记的，纳税人应自纳税义务发生之日起90日内申报缴纳契税。

9.5.6.2 纳税期限

纳税人应当在依法办理土地、房屋权属登记手续前申报缴纳契税。

9.5.6.3 纳税地点

契税在土地、房屋所在地的税务征收机关缴纳。

9.5.6.4 纳税申报表填列

纳税人申报缴纳契税，使用《财产和行为税纳税申报表》（表9-1）。纳税人新增税

源或税源变化时，需先填报《财产和行为税税源明细表》中的《契税税源明细表》见表9-8 所列。

表 9-8　契税税源明细表

纳税人识别号（统一社会信用代码）：

纳税人名称：　　　　　　　　　　　　　　　　　　　金额单位：元(列至角分)；面积单位：平方米

*税源编号	（系统自动带出）	*土地房屋坐落地址	（必填）	不动产单元代码	（有不动产权证的，必填）
合同编号	（有合同编号的，必填）	*合同签订日期	（必填）	*共有方式	单独所有 按份共有 （转移份额：____） 共同共有 （共有人：____）
*权属转移对象	（必选）	*权属转移方式	（必选）	*用途	（必选）
*成交价格（不含增值税）	（必填）	*权属转移面积	（必填）	*成交单价	（系统自动带出）
*评估价格	（系统自动带出）		*计税价格	（系统自动带出）	
*适用税率	（系统自动带出）		权属登记日期	（已办理权属登记的，必填）	
居民购房减免性质代码和项目名称			其他减免性质代码和项目名称（抵减金额：____）		

9.6　资源税

9.6.1　概　念

资源税是以各种应税自然资源为课税对象、为了调节资源级差收入并体现国有资源有偿使用而征收的一种税。

9.6.2　纳税义务人

资源税的纳税义务人是指在中华人民共和国领域及管辖的其他海域开发应税资源的单位和个人。

【重点提示】进口产品不征收资源税，出口产品也不免征或退还已纳资源税。对取用地表水或者地下水的单位和个人试点征收水资源税。征收水资源税的，停止征收水资源费。中外合作开采陆上、海上石油资源的企业依法缴纳资源税。

9.6.3　税　目

资源税税目包括5类，下面又设有若干个子目。涵盖了所有已经发现的矿种和盐。
①能源矿产。它不包括人造石油。

②金属矿产。它包括黑色金属和有色金属。

③非金属矿产。它包括矿物类、岩石类、宝玉石类。

④水气矿产。它包括二氧化碳气、硫化氢气、氮气、氦气；矿泉水。

⑤盐。它包括钠盐、钾盐、镁盐、锂盐；天然卤水；海盐。

纳税人以自采原矿（经过采矿过程采出后未进行选矿或者加工的矿石）直接销售，或者自用于应当缴纳资源税情形的，按照原矿计征资源税。

9.6.4 税　率

《资源税法》按原矿、选矿分别设定税率。见表9-9所列。

表9-9　资源税税目税率表

序号	税目			征税对象	税率
1	能源矿产	原油		原矿	6%
2		天然气、页岩气、天然气水合物		原矿	6%
3		煤		原矿或者选矿	2%~10%
4		煤成（层）气		原矿	1%~2%
5		铀、钍		原矿	4%
6		油页岩、油砂、天然沥青、石煤		原矿或者选矿	1%~4%
7		地热		原矿	1%~20%或者每立方米1~30元
8	金属矿产	黑色金属	铁、锰、铬、钒、钛	原矿或者选矿	1%~9%
9		有色金属	铜、铅、锌、锡、镍、锑、镁、钴、铋、汞	原矿或者选矿	2%~10%
10			铝土矿	原矿或者选矿	2%~9%
11			钨	选矿	6.5%
12			钼	选矿	8%
13			金、银	原矿或者选矿	2%~6%
14			铂、钯、钌、铑、铱、锇	原矿或者选矿	5%~10%
15			轻稀土	选矿	7%~12%
16			中重稀土	选矿	20%
17			铍、锂、锆、锶、铷、铯、铌、钽、锗、镓、铟、铊、铪、铼、镉、硒、碲	原矿或者选矿	2%~10%
18	非金属矿产	矿物类	高岭土	原矿或者选矿	1%~6%
19			石灰岩	原矿或者选矿	1%~6%或者每吨（或者每立方米）1~10元
20			磷	原矿或者选矿	3%~8%
21			石墨	原矿或者选矿	3%~12%
22			萤石、硫铁矿、自然硫	原矿或者选矿	1%~8%

（续）

序号	税目			征税对象	税率
23			天然石英砂、脉石英、粉石英、水晶、工业用金刚石、冰洲石、蓝晶石、硅线石（矽线石）、长石、滑石、刚玉、菱镁矿、颜料矿物、天然碱、芒硝、钠硝石、明矾石、砷、硼、碘、溴、膨润土、硅藻土、陶瓷土、耐火黏土、铁矾土、凹凸棒石黏土、海泡石黏土、伊利石黏土、累托石黏土	原矿或者选矿	1%~12%
24			叶蜡石、硅灰石、透辉石、珍珠岩、云母、沸石、如晶石、毒页石、方解石、蛭石、透闪石、工业用电气石、白垩、石棉、蓝石棉、红柱石、石榴子石、石膏	原矿或者选矿	2%~12%
25			其他黏土(铸型用黏土、砖瓦用黏土、陶粒用黏土、水泥配料用黏土、水泥配料用红土、水泥配料用黄土、水泥配料用泥岩、保温材料用黏土)	原矿或者选矿	1%~5%或者每吨(或者每立方米)0.1~5元
26		岩石类	大理岩、花岗岩、白云岩、石英岩、砂岩、辉绿岩、安山岩、闪长岩、板岩、玄武岩、片麻岩、角闪岩、页岩、浮石、凝灰岩、黑曜岩、戏石正长岩、蛇纹岩、麦饭石、泥灰岩、含钾岩石、含钾砂页岩、天然油石、橄榄岩、松脂岩、粗面岩、辉长岩、辉石岩、正长岩、火山灰、火山渣、泥炭	原矿或者选矿	1%~10%
27			砂石(天然砂、卵石、机制砂石)	原矿或者选矿	1%~5%或者每吨(或者每立方米)0.1~5元
28		宝玉石类	宝石、玉石、宝石级金刚石、玛瑙、黄玉、碧玺	原矿或者选矿	4%~20%
29			二氧化碳气、硫化氢气、氦气、氡气	原矿	2%~5%
30	水气矿产	矿泉水		原矿	1%~20%或者每立方米1~30元
31		钠盐、钾盐、镁盐、锂盐		选矿	3%~15%
32	盐	天然卤水		原矿	3%~15%或者每吨(或者每立方米)1~10元
33		海盐			2%~5%

【重点提示】纳税人开采或者生产不同税目应税产品以及开采或者生产同一税目下适用不同税率应税产品的，应当分别核算；未分别核算或者不能准确核算的，从高适用税率。

9.6.5　减税、免税项目

9.6.5.1　免征资源税

有下列情形之一的，免征资源税：

①开采原油以及油田范围内运输原油过程中用于加热的原油、天然气。

②煤炭开采企业因安全生产需要抽采的煤成(层)气。

9.6.5.2　减征资源税

有下列情形之一的，减征资源税：

①从低丰度油气田开采的原油、天然气减征20%资源税。

②高含硫天然气、三次采油和从深水油气田开采的原油、天然气，减征30%资源税。高含硫天然气是指硫化氢含量在30克/立方米以上的天然气。

③稠油、高凝油减征40%资源税。

④从衰竭期矿山开采的矿产品，减征30%资源税。

【重点提示】国务院对有利于促进资源节约集约利用、保护环境等情形可以规定免征或者减征资源税，报全国人民代表大会常务委员会备案。

9.6.5.3　可由省、自治区、直辖市人民政府决定的减税或者免税

有下列情形之一的，省、自治区、直辖市人民政府可以决定减税或者免税：

①纳税人开采或者生产应税产品过程中，因意外事故或者自然灾害等原因遭受重大损失的。

②纳税人开采共伴生矿、低品位矿、尾矿。

9.6.5.4　其他减税、免税

①对青藏铁路公司及其所属单位运营期间自采自用的砂、石等材料免征资源税。

②自2023年1月1日至2027年12月31日，对增值税小规模纳税人、小型微利企业和个体工商户减半征收资源税(不含水资源税)。

9.6.6　计税依据

资源税的计税依据为应税产品的销售额或销售量，适用从价计征为主、从量计征为辅的征税方式。

9.6.6.1　从价定率征收的计税依据

(1)销售额的基本规定

资源税应税产品(以下简称应税产品)的销售额，按照纳税人销售应税产品向购买方收取的全部价款确定，不包括增值税税款。

【**重点提示**】计入销售额中的相关运杂费用，凡取得增值税发票或者其他合法有效凭据的，准予从销售额中扣除。

（2）特殊情形下销售额的确定

①纳税人申报的应税产品销售额明显偏低且无正当理由的，或者有自用应税产品行为而无销售额的，主管税务机关可以按下列方法和顺序确定其应税产品销售额：

a. 按纳税人最近时期同类产品的平均销售价格确定；

b. 按其他纳税人最近时期同类产品的平均销售价格确定；

c. 按后续加工非应税产品销售价格，减去后续加工环节的成本利润后确定；

d. 按应税产品组成计税价格确定；

$$组成计税价格 = 成本 \times (1 + 成本利润率) / (1 - 资源税税率)$$

e. 按其他合理方法确定。

【**重点提示**】上述公式中的成本利润率由省、自治区、直辖市税务机关确定。

②外购应税产品购进金额、购进数量的扣减　纳税人用已纳资源税的应税产品进一步加工应税产品销售的，不再缴纳资源税。纳税人外购应税产品与自采应税产品混合销售或者混合加工为应税产品销售的，在计算应税产品销售额或者销售数量时，准予扣减外购应税产品的购进金额或者购进数量；当期不足扣减的，可结转下期扣减。纳税人应当准确核算外购应税产品的购进金额或者购进数量，未准确核算的，一并计算缴纳资源税。

纳税人以外购原矿与自采原矿混合为原矿销售，或者以外购选矿产品与自产选矿产品混合为选矿产品销售的，在计算应税产品销售额或者销售数量时，直接扣减外购原矿或者外购选矿产品的购进金额或者购进数量。

纳税人以外购原矿与自采原矿混合洗选加工为选矿产品销售的，在计算应税产品销售额或者销售数量时，按照下列方法进行扣减：

准予扣减的外购应税产品购进金额(数量) = 外购原矿购进金额(数量) × (本地区原矿适用税率/本地区选矿产品适用税率)

【**重点提示**】不能按照上述方法计算扣减的，按照主管税务机关确定的其他合理方法进行扣减。

9.6.6.2　从量定额征收的计税依据

实行从量定额征收的，以应税产品的销售数量为计税依据。应税产品的销售数量，包括开采或者生产应税产品的实际销售数量和自用于应当缴纳资源税情形的应税产品数量。

9.6.7　应纳税额的计算

9.6.7.1　从价定率方式应纳税额的计算

实行从价定率方式征收资源税的，根据应税产品的销售额和规定的适用税率计算应纳税额，具体计算公式为：

$$应纳税额 = 销售额 \times 适用税率$$

9.6.7.2 从量定额方式应纳税额的计算

实行从量定额征收资源税的，根据应税产品的课税数量和规定的单位税额计算应纳税额，具体计算公式为：

$$应纳税额=课税数量×单位税额$$

9.6.8 纳税申报

9.6.8.1 纳税义务的发生时间

纳税人销售应税产品，纳税义务发生时间为收讫销售款或者取得索取销售款凭据的当日；自用应税产品的，纳税义务发生时间为移送应税产品的当日。

9.6.8.2 纳税期限

资源税按月或者按季申报缴纳；不能按固定期限计算缴纳的，可以按次申报缴纳。纳税人按月或者按季申报缴纳的，应当自月度或者季度终了之日起15日内，向税务机关办理纳税申报并缴纳税款。

9.6.8.3 纳税地点

纳税人应当在矿产品的开采地或者海盐的生产地缴纳资源税。

9.6.8.4 纳税申报表填列

纳税人申报缴纳资源税，使用《财产和行为税纳税申报表》（表9-1）。

9.7 环境保护税

9.7.1 概　念

环境保护税是对在我国领域以及管辖的其他海域直接向环境排放应税污染物的企业事业单位和其他生产经营者征收的一种税。直接向环境排放应税污染物的企业事业单位和其他生产经营者，除缴纳环境保护税外，应当对所造成的损害依法承担责任。

9.7.2 纳税义务人

环境保护税的纳税义务人是在中华人民共和国领域和中华人民共和国管辖的其他海域直接向环境排放应税污染物的企业事业单位和其他生产经营者。

应税污染物是指大气污染物、水污染物、固体废物和噪声。有下列情形之一的，不属于直接排放污染物，不缴纳环境保护税：

①向依法设立的污水集中处理、生活垃圾集中处理场所排放应税污染物的。

②在符合国家和地方环境保护标准的设施、场所贮存或者处置固体废物的。

③达到省级人民政府确定的规模标准并且有污染物排放口的畜禽养殖场，应当依法缴纳环境保护税，但依法对畜禽养殖废弃物进行综合利用和无害化处理的。

9.7.3 税　目

环境保护税税目包括大气污染物、水污染物、固体废物和噪声4类。

①大气污染物。大气污染物包括二氧化硫、氮氧化物、一氧化碳、二硫化碳等。

【重点提示】环境保护税的征税范围不包括温室气体二氧化碳。

②水污染物。水污染物分为两类即第一类水污染物包括总汞、总镉等10项；第二类水污染物包括悬浮物(SS)、生化需氧量(BOD5)等51项。

③固体废物。固体废物包括煤矸石、尾矿、危险废物、冶炼渣、粉煤灰、炉渣、其他固体废物(含半固态、液态废物)。

④噪声。应税噪声污染目前只包括工业噪声。

9.7.4 税 率

环境保护税采用定额税率，其中，对应税大气污染物和水污染物规定了幅度定额税率(表9-10)。

表9-10　环境保护税税目税额表

税　目		计税单位	税　额	备　注
大气污染物		每污染当量	1.2~12元	
水污染物		每污染当量	1.4~14元	
固体废物	煤矸石	每吨	5元	
	尾矿	每吨	15元	
	危险废物	每吨	1000元	
	冶炼渣、粉煤灰、炉渣、其他固体废物(含半固态、液态废物)	每吨	25元	
噪声	工业噪声	超标1~3分贝	每月350元	①一个单位边界上有多处噪声超标，根据最高一处超标声级计算应纳税额；当沿边界长度超过100米有两处以上噪声超标，按照两个单位计算应纳税额 ②一个单位有不同地点作业场所的，应当分别计算应纳税额，合并计征 ③昼、夜均超标的环境噪声，昼、夜分别计算应纳税额，累计计征 ④声源一个月内超标不足15天的，减半计算应纳税额 ⑤夜间频繁突发和夜间偶然突发厂界超标噪声，按等效声级和峰值噪声两种指标中超标分贝值高的一项计算应纳税额
		超标4~6分贝	每月700元	
		超标7~9分贝	每月1400元	
		超标10~12分贝	每月2800元	
		超标13~15分贝	每月5600元	
		超标16分贝以上	每月11200元	

9.7.5 税收优惠政策

9.7.5.1 免征规定

以下情形，暂予免征环境保护税。

①农业生产(不包括规模化养殖)排放应税污染物的。

②机动车、铁路机车、非道路移动机械、船舶和航空器等流动污染源排放应税污染物的。

③依法设立的城乡污水、生活垃圾集中处理场所排放相应应税污染物，不超过国家和地方规定的排放标准的。依法设立的生活垃圾焚烧发电厂、生活垃圾填埋场、生活垃圾堆肥厂，属于生活垃圾集中处理场所，其排放应税污染物不超过国家和地方规定的排放标准的，依法予以免征环境保护税。

④纳税人综合利用的固体废物，符合国家和地方环境保护标准的。

⑤国务院批准免税的其他情形，由国务院报全国人民代表大会常务委员会备案。

9.7.5.2 减征规定

纳税人排放应税大气污染物或者水污染物的浓度值低于国家和地方规定的污染物排放标准30%的，减按75%征收环境保护税。纳税人排放应税大气污染物或者水污染物的浓度值低于国家和地方规定的污染物排放标准50%的，减按50%征收环境保护税。

【重点提示】①纳税人任何一个排放口以及没有排放口，排放应税大气污染物、水污染物的浓度值超过国家和地方规定的污染物排放标准的，不予减征环境保护税。②纳税人噪声声源一个月内累计昼间超标不足15昼或者累计夜间超标不足15夜的，分别减半计算应纳税额。

9.7.6 计税依据

应税污染物的计税依据，分别按下面方法确定：

9.7.6.1 应税大气污染物、应税水污染物计税依据

应税大气污染物、应税水污染物按照污染物排放量折合的污染当量数确定计税依据。

计算公式为：应税污染物当量=该污染物的排放量/该污染物的污染当量值

【重点提示】①每一排放口或者没有排放口的应税大气污染物，按照污染当量数从大到小排序，对前3项污染物征收环境保护税。②每一排放口的应税水污染物，按照污染当量数从大到小排序，对第一类水污染物按照前5项征收环境保护税，对其他类水污染物按照前3项征收环境保护税。

【案例指导8-8】某企业20××年3月向水体直接排放第一类水污染物总汞10千克，总汞的污染当量值为0.0005千克，向大气直排二氧化硫100千克（污染当量值为0.95），一氧化碳200千克（污染当量值为16.7），氟化物100千克（污染当量值为0.87），氯化氢100千克（污染当量值为10.75）请分别计算各污染物对应的污染当量数。

【案例解析】

$$总汞污染当量数 = 10/0.0005 = 20\,000$$
$$二氧化硫污染当量数 = 100/0.95 = 105.26$$
$$一氧化碳污染当量数 = 200/6.7 = 29.85$$
$$氟化物污染当量数 = 100/0.87 = 114.94$$
$$氯化氢污染当量数 = 100/10.75 = 9.30$$

9.7.6.2 应税固体废物按照固体废物的排放量确定计税依据

固体废物的排放量为当期应税固体废物的产生量减去当期应税固体废物的贮存量、处置量、综合利用量的余额。

【重点提示】当纳税人存在非法倾倒应税固体废物，虚假纳税申报行为时，以其当期应税固体废物的产生量作为固体废物的排放量。

9.7.6.3 应税噪声按照超过国家规定标准的分贝数确定计税依据

工业噪声按照超过国家规定标准的分贝数确定每月税额，超过国家规定标准的分贝数是指实际产生的工业噪声与国家规定的工业噪声排放标准限值之间的差值。

9.7.7 应纳税额的计算

9.7.7.1 大气污染物、水污染物应纳税额的计算

应税大气污染物、水污染物应纳税额为污染当量数乘以具体适用税额。计算公式为：

$$污染物应纳税额=污染当量数×适用税额$$

9.7.7.2 固体废物应纳税额的计算

$$固体废物的应纳税额=(当期固体废物的产生量-当期固体废物的综合利用量-$$
$$当期固体废物的贮存量-当期固体废物的处置量)×适用税额$$

9.7.7.3 噪声应纳税额的计算

应税噪声的应纳税额为超过国家规定标准的分贝数对应的具体适用税额。

9.7.8 纳税申报

9.7.8.1 纳税义务发生时间

环境保护税纳税义务发生时间为纳税人排放应税污染物的当日。

9.7.8.2 纳税地点

纳税人应当向应税污染物排放地的税务机关申报缴纳环境保护税，应税污染物排放地是指应税大气污染物、水污染物排放口所在地；应税固体废物产生地；应税噪声产生地。

【重点提示】纳税人跨区域排放应税污染物，税务机关对税收征收管辖有争议的，由争议各方按照有利于征收管理的原则协商解决；不能协商一致的，报请共同的上级税务机关决定。

9.7.8.3 纳税期限

环境保护税按月计算，按季申报缴纳。不能按固定期限计算缴纳的，可以按次申报缴纳。

9.7.8.4 纳税申报表填列

纳税人申报缴纳环境保护税，使用《财产和行为税纳税申报表》（表9-1）。

9.8 城镇土地使用税

9.8.1 概 念

城镇土地使用税是以开征范围内的土地为征税对象，以实际占用的土地面积为计税依

据，按规定税额对拥有土地使用权的单位和个人征收的一种税。

【**重点提示**】城镇土地使用税实行差别幅度税额。

9.8.2 纳税义务人

凡在城市、县城、建制镇、工矿区范围内使用土地的单位和个人，为城镇土地使用税的纳税义务人。个人包括个体工商户及其他个人。

9.8.3 征税范围

城镇土地使用税的征税范围为城市、县城、建制镇和工矿区。具体征税范围，由政府划定。

9.8.4 税 率

城镇土地使用税采用定额税率，每平方米土地年税额规定如下（表9-11）。

表9-11 城镇土地使用税的定额税率表

级别	每平方米税额（元）
大城市	1.5~30
中等城市	1.2~24
小城市	0.9~18
县城、建制镇、工矿区	0.612

【**重点提示**】①大、中、小城市是以登记在册的非农业正式户口人数为依据，其中，非农业人口在50万人以上的称为大城市；20万~50万人的称为中等城市；20万人以下的称为小城市。②经济落后地区，城镇土地使用税的适用税额标准可适当降低，但降低幅度不得超过上述规定最低税额的30%。

9.8.5 税收优惠政策

下列土地免征城镇土地使用税：

①国家机关、人民团体、军队自用的土地。

②由国家财政部门拨付事业经费的单位自用的土地。

③企业办的学校、医院、托儿所、幼儿园，其自用的土地免征城镇土地使用税。

④宗教寺庙、公园、名胜古迹自用的土地。

【**重点提示**】公园、名胜古迹中附设的营业场所，如影剧院、照相馆等，应征收城镇土地使用税。

⑤市政街道、广场、绿化地带等公共用地。非社会性的公共用地不能免税，如企业内的广场、道路、绿化等占用的土地。

⑥直接用于农、林、牧、渔业的生产用地。农副产品加工厂占地和从事农、林、牧、渔业生产单位的生活、办公用地不包括在内。

⑦开山填海整治的土地。自行开山填海整治的土地和改造的废弃土地，从使用的月份起免缴城镇土地使用税 5 年至 10 年。

【重点提示】开山填海整治的土地是指纳税人经有关部门批准后自行填海整治的土地，不包括通过出让、转让、划拨等方式取得的已填海整治的土地。

⑧由财政部另行规定免税的能源、交通、水利用地和其他用地。

9.8.6　计税依据

城镇土地使用税以纳税人实际占用的土地面积(平方米)为计税依据。

纳税人实际占用的土地面积，以房地产管理部门核发的土地使用证书与确认的土地面积为准；尚未核发土地使用证书的，应由纳税人据实申报土地面积，据以纳税，待核发土地使用证以后再作调整。

9.8.7　应纳税额的计算

计算公式如下：

$$年应纳税额＝计税土地面积(平方米)×适用税额$$

【重点提示】土地使用权由几方共有的，由共有各方按照各自实际使用的土地面积占总面积的比例，分别计算缴纳城镇土地使用税。

9.8.8　纳税申报

9.8.8.1　纳税义务的发生时间

纳税义务发生时间规定如下：

①购置新建商品房，自房屋交付使用之次月起计征城镇土地使用税。

②购置存量房，自办理房屋权属转移、变更登记手续，房地产权属登记机关签发房屋权属证书之次月起计征城镇土地使用税。

③出租、出借房产，自交付出租、出借房产之次月起计征城镇土地使用税。

④以出让或转让方式有偿取得土地使用权的，应由受让方从合同约定交付土地时间的次月起缴纳城镇土地使用税；合同未约定交付土地时间的，由受让方从合同签订的次月起缴纳城镇土地使用税。

⑤凡是缴纳了耕地占用税的，自批准征收之日起满 1 年缴纳城镇土地使用税。

⑥纳税人新征用的非耕地，自批准征用次月起缴纳城镇土地使用税。

⑦通过招标、拍卖、挂牌方式取得的建设用地，不属于新征用的耕地，纳税人应从合同约定交付土地时间的次月起缴纳城镇土地使用税。

【重点提示】合同未约定交付土地时间的，从合同签订的次月起缴纳城镇土地使用税。

9.8.8.2　纳税期限

城镇土地使用税按年计算，分期缴纳。缴纳期限由省、自治区、直辖市人民政府确定。各省、自治区、直辖市税务机关结合当地情况，一般分别确定按月、季、半年或 1 年等不同的期限缴纳。

9.8.8.3 纳税地点

城镇土地使用税的纳税地点为土地所在地，由土地所在地的税务机关负责征收。纳税人使用的土地不属于同一省（自治区、直辖市）管辖范围内的，由纳税人分别向土地所在地的税务机关申报缴纳。在同一省（自治区、直辖市）管辖范围内，纳税人跨地区使用的土地，由各省、自治区、直辖市税务局确定纳税地点。

9.8.8.4 纳税申报表填列

纳税人申报缴纳城镇土地使用税，使用《财产和行为税纳税申报表》（表9-1）。

第10章 其他税种（三）特定目的税

特定目的税除城市维护建设税外，还包括烟叶税、车辆购置税、耕地占用税和船舶吨税，主要是为了达到特定目的，对特定对象和特定行为发挥调节作用。

10.1 烟叶税

10.1.1 概 念

烟叶税是以纳税人收购烟叶的收购金额为计税依据征收的一种税。

10.1.2 纳税义务人

在中华人民共和国境内收购烟叶的单位为烟叶税的纳税人，烟叶的生产销售方不是烟叶税的纳税人。

10.1.3 征税对象及税率

烟叶税的征税对象是烟叶，包括烤烟叶、晾晒烟叶。烟叶税实行比例税率，税率为20%。

10.1.4 计税依据

烟叶税的计税依据是收购烟叶实际支付的价款总额。实际支付的价款总额，包括纳税人支付给烟叶生产销售单位和个人的烟叶收购价款和价外补贴。其中，价外补贴统一按烟叶收购价款的10%计算。因此，烟叶税计税依据的计算公式如下：

$$实际支付的价款总额=收购价款×(1+10\%)$$

10.1.5 应纳税额的计算

$$应纳税额=实际支付的价款总额×税率$$

10.1.6 纳税申报

（1）纳税义务发生时间

烟叶税的纳税义务发生时间为纳税人收购烟叶的当天。

（2）纳税地点

纳税人收购烟叶，应当向烟叶收购地的主管税务机关申报纳税。

（3）纳税期限

烟叶税按月计征，纳税人应当于纳税义务发生月终了之日起15日内申报并缴纳税款。

（4）纳税申报表填列

纳税人申报缴纳烟叶税，使用《财产和行为税纳税申报表》（表9-1）。

10.2　车辆购置税

10.2.1　车辆购置税的概念

车辆购置税是对在境内购置规定车辆的单位和个人征收的一种税。

10.2.2　纳税义务人

车辆购置税的纳税人是指在中华人民共和国境内购置应税车辆的单位和个人。购置是指以购买、进口、自产、受赠、获奖或者其他方式取得并自用应税车辆的行为。

【重点提示】车辆购置税实行一次性征收。购置已征车辆购置税的车辆，不再征收车辆购置税。

10.2.3　征税范围

征税范围包括汽车、有轨电车、汽车挂车、排气量超过150毫升的摩托车。

【重点提示】地铁、轻轨等城市轨道交通车辆，装载机、平地机、挖掘机、推土机等轮式专用机械车，以及起重机（吊车）、叉车、电动摩托车，不属于应税车辆。

10.2.4　税　率

车辆购置税实行统一比例税率，税率为10%。

10.2.5　税收优惠政策

根据《中华人民共和国车辆购置税法》的规定，对下列车辆免征车辆购置税：
①外国驻华使馆、领事馆和国际组织驻华机构及其外交人员自用车辆免税。
②中国人民解放军和中国人民武装警察部队列入装备订货计划的车辆免税。
③悬挂应急救援专用号牌的国家综合性消防救援车辆免税。
④设有固定装置的非运输专用作业车辆免税。
⑤城市公交企业购置的公共汽电车辆免税。

根据国民经济和社会发展需要，国务院规定的其他减免征税车辆有：
①回国服务的在外留学人员用现汇购买1辆个人自用国产小汽车和长期来华定居专家进口1辆自用小汽车免征车辆购置税。
②防汛部门和森林消防部门用于指挥、检查、调度、报汛（警）、联络的由指定厂家生产的设有固定装置的指定型号的车辆免征车辆购置税。
③中国妇女发展基金会"母亲健康快车"项目的流动医疗车免征车辆购置税。
④原公安现役部队和原武警黄金、森林、水电部队改制后换发地方机动车牌证的车辆（公安消防、武警森林部队执行灭火救援任务的车辆除外），一次性免征车辆购置税。
⑤购置日期在2024年1月1日至2025年12月31日期间的新能源汽车免征车辆购置

税，其中每辆新能源乘用车免税额不超过 3 万元。

⑥购置日期在 2026 年 1 月 1 日至 2027 年 12 月 31 日期间的新能源汽车减半征收车辆购置税，其中，每辆新能源乘用车减税额不超过 1.5 万元。

10.2.6 应纳税额的计算

车辆购置税实行从价定率的方法计算应纳税额，计算公式为：

$$应纳税额 = 计税依据 \times 税率$$

10.2.6.1 购买自用应税车辆

纳税人购买自用的应税车辆，计税价格为纳税人购买应税车辆而支付给销售者的全部价款和价外费用，不包含增值税税款；价外费用是指销售方价外向购买方收取的基金、集资费、违约金(延期付款利息)和手续费、包装费、储存费、优质费、运输装卸费、保管费以及其他各种性质的价外收费。

【重点提示】不包括销售方代办保险等而向购买方收取的保险费，以及向购买方收取的代购买方缴纳的车辆购置税、车辆牌照费。

10.2.6.2 进口自用应税车辆应纳税额的计算

纳税人进口自用应税车辆的计税价格，为关税完税价格加上关税和消费税，计算公式为：

$$应纳税额 = (关税完税价格 + 关税 + 消费税) \times 税率$$

10.2.6.3 其他自用应税车辆应纳税额的计算

①纳税人自产自用应税车辆的计税价格，按照纳税人生产的同类应税车辆的销售价格确定，不包括增值税税款。没有同类应税车辆销售价格的，按照组成计税价格确定。

$$组成计税价格 = 成本 \times (1 + 成本利润率)$$

【重点提示】属于应征消费税的应税车辆，其组成计税价格中应加计消费税税额。成本利润率由税务局确定。

②纳税人以受赠、获奖或者其他方式取得自用应税车辆的计税价格，按照购置应税车辆时相关凭证载明的价格确定，不包括增值税税款。

$$应纳税额 = 最低计税价格 \times 税率$$

10.2.6.4 车辆转让、改变用途的特殊情况的计算

已经办理免税、减税手续的车辆因转让、改变用途等原因不再属于免税、减税范围。

①发生转让行为的，受让人为车辆购置税纳税人；未发生转让行为的，车辆所有人为车辆购置税纳税人。

②纳税义务发生时间为车辆转让或者用途改变等情形发生之日。

③应纳税额计算公式为：

$$应纳税额 = 初次办理纳税申报时确定的计税价格 \times (1 - 使用年限 \times 10\%) \times 10\% - 已纳税额$$

【重点提示】应纳税额不得为负数。

④使用年限的计算方法是自纳税人初次办理纳税申报之日起，至不再属于免税、减税范围的情形发生之日止。

【重点提示】使用年限取整计算，不满一年的不计算在内。

10.2.7 纳税申报

10.2.7.1 纳税义务发生时间及纳税期限

①车辆购置税的纳税义务发生时间以纳税人购置应税车辆所取得的车辆相关凭证上注明的时间为准。

a. 购买自用应税车辆的为购买之日，即车辆相关价格凭证的开具日期；

b. 进口自用应税车辆的为进口之日，即《海关进口增值税专用缴款书》或者其他有效凭证的开具日期；

c. 自产、受赠、获奖或者以其他方式取得并自用应税车辆的为取得之日，即合同、法律文书或者其他有效凭证的生效或者开具日期。

②纳税人应自纳税义务发生之日起60日内申报缴纳车辆购置税，实行一车一申报制。

【重点提示】应当在向公安机关交通管理部门办理车辆注册登记前，缴纳车辆购置税。

10.2.7.2 纳税地点

需要办理车辆登记注册手续的纳税人，向车辆登记地的主管税务机关申报纳税。不需要办理车辆登记注册手续的纳税人，单位纳税人向其机构所在地的主管税务机关申报纳税，个人纳税人向其户籍所在地或者经常居住地的主管税务机关申报纳税。

10.2.7.3 纳税申报表填列

纳税人办理纳税申报时应如实填写《车辆购置税纳税申报表》（表10-1），同时提供车辆合格证明和车辆相关价格凭证。

①车辆合格证明。车辆合格证明是指整车出厂合格证或者《车辆电子信息单》。

②车辆相关价格凭证。包括境内购置车辆的机动车销售统一发票或者其他有效凭证；进口自用车辆的《海关进口关税专用缴款书》或者海关进出口货物征免税证明。

【重点提示】属于应征消费税车辆的还包括《海关进口消费税专用缴款书》。

表10-1　车辆购置税纳税申报表

纳税人名称		申报类型	□征税　□免税　□减税
证件名称		证件号码	
联系电话		地址	
合格证编号 （货物进口证明书号）		车辆识别代号/车架号	
厂牌型号			
排量(CC)		机动车销售统一 发票代码	
机动车销售统一发票号码		不含税价	
海关进口关税专用缴款书(进出口货物征免税证明)号码			
关税完税价格		关税		消费税	

（续）

其他有效凭证名称		其他有效凭证号码		其他有效凭证价格	
购置日期		申报计税价格		申报免（减）税条件或者代码	
是否办理车辆登记		车辆拟登记地点			

纳税人声明：

本纳税申报表是根据国家税收法律法规及相关规定填报的，我确定它是真实的、可靠的、完整的。纳税人（签名或盖章）：

委托声明：

现委托（姓名）（证件号码）办理车辆购置税涉税事宜，提供的凭证、资料是真实、可靠、完整的。任何与本申报表有关的往来文件，都可交予此人。

委托人（签名或盖章）：被委托人（签名或盖章）：

以下由税务机关填写					
免（减）税条件代码					
计税价格	税率	应纳税额	免（减）税额	实纳税额	滞纳金金额

受理人： 年 月 日	复核人（适用于免、减税申报）： 年 月 日	主管税务机关（章）

10.3 耕地占用税

10.3.1 概　念

耕地占用税是对占用耕地建房或从事其他非农业建设的单位和个人，就其实际占用的耕地面积征收的一种税，它属于对特定土地资源占用课税。

10.3.2 纳税人

耕地占用税的纳税人是指在中华人民共和国境内占用耕地建设建筑物、构筑物或者从事非农业建设的单位和个人。

10.3.3 征税范围

耕地占用税的征税范围如下：

①纳税人因建设项目施工或者地质勘察临时占用耕地的。

【重点提示】临时占用耕地是指经自然资源主管部门批准，在一般不超过2年内临时使用耕地并且没有修建永久性建筑物的行为。

②占用园地、林地、草地、农田水利用地、养殖水面、渔业水域滩涂以及其他农用地建设建筑物、构筑物或者从事非农业建设的。

【重点提示】纳税人因挖损、采矿塌陷、压占、污染等损毁耕地，属于上述所称占用耕地从事非农业建设的情形，同样需要缴纳耕地占用税。

③下列占地行为不征收耕地占用税。

a. 建设农田水利设施占用耕地的；

b. 建设直接为农业生产服务的生产设施所占用园地、林地、草地、农田水利用地、养殖水面、渔业水域滩涂以及其他农用地。

10.3.4　税　率

耕地占用税在税率设计上采用了地区差别定额税率。税率具体标准如下：

①人均耕地不超过1亩的地区（以县、自治县、不设区的市、市辖区为单位，下同），为10~50元/平方米。

②人均耕地超过1亩但不超过2亩的地区，为8~40元/平方米。

③人均耕地超过2亩但不超过3亩的地区，为6~30元/平方米。

④人均耕地超过3亩的地区，为5~25元/平方米。

【重点提示】各地区耕地占用税的适用税额，由政府根据实际情况，在规定的税额幅度内提出，但不得低于下表规定的平均税额（表10-2）。

表10-2　各省、自治区、直辖市耕地占用税平均税额表

省、自治区、直辖市	每平方米平均税额（元）
上海	45
北京	40
天津	35
江苏、浙江、福建、广东	30
江宁、湖北、湖南	25
河北、安徽、江西、山东、河南、重庆、四川	22.5
广西、海南、贵州、云南、陕西	20
山西、吉林、黑龙江	17.5
内蒙古、西藏、甘肃、青海、宁夏、新疆	12.5

【重点提示】在人均耕地低于0.5亩的地区，省、自治区、直辖市可以根据当地经济发展情况，适当提高耕地占用税的适用税额，但提高的部分不得超过确定的适用税额的50%。占用基本农田的，应当按照当地适用税额，加按150%征收。

10.3.5　税收优惠政策

耕地占用税相关税收优惠如下：

①军事设施占用耕地免征耕地占用税。

②学校、幼儿园、社会福利机构、医疗机构占用耕地免征耕地占用税。

③农村烈士遗属、因公牺牲军人遗属、残疾军人以及符合农村最低生活保障条件的农村居民，在规定用地标准以内新建自用住宅，免征耕地占用税。

④铁路线路、公路线路、飞机场跑道、停机坪、港口、航道、水利工程占用耕地，减按 2 元/平方米的税额征收耕地占用税。

⑤农村居民在规定用地标准以内占用耕地新建自用住宅，按照当地适用税额减半征收耕地占用税；其中农村居民经批准搬迁，新建自用住宅占用耕地不超过原宅基地面积的部分，免征耕地占用税。

【重点提示】免征或者减征耕地占用税后，纳税人改变原占地用途，不再属于免征或者减征耕地占用税情形的，应当按照当地适用税额补缴耕地占用税。

10.3.6　应纳税额的计算

耕地占用税以纳税人实际占用的应税土地面积为计税依据，以每平方米土地为计税单位，按适用的定额税率计税。应纳税额为纳税人实际占用的应税土地面积（平方米）乘以适用税额。其计算公式为：

$$应纳税额 = 应税土地面积 \times 适用税额$$

加按 150% 征收耕地占用税的计算公式为：

$$应纳税额 = 应税土地面积 \times 适用税额 \times 150\%$$

10.3.7　纳税申报

10.3.7.1　纳税义务发生时间

耕地占用税由税务机关负责征收。耕地占用税的纳税义务发生时间为纳税人收到自然资源主管部门办理占用耕地手续的书面通知的当日。纳税人应当自纳税义务发生之日起 30 日内申报缴纳耕地占用税。

10.3.7.2　纳税申报表填列

纳税人申报耕地占用税使用《财产和行为税纳税申报表》（表 9-1）。

10.4　船舶吨税

10.4.1　概　念

船舶吨税亦称"吨税"，是海关对外国籍船舶航行进出本国港口时，按船舶净吨位征收的税。

10.4.2　征税范围

自中华人民共和国境外港口进入境内港口的船舶（以下简称应税船舶），应当缴纳船舶吨税（以下简称吨税）。

10.4.3　税　率

吨税设置优惠税率和普通税率（表 10-3）。

表 10-3　吨税的税目、税率表

税目 （按船舶净吨位划分）	税率（元/净吨）						备注
	普通税率（按执照期限划分）			优惠税率（按执照期限划分）			
	1 年	90 日	30 日	1 年	90 日	30 日	
不超过 2000 净吨	12.6	4.2	2.1	9.0	3.0	1.5	①拖船按照发动机功率每千瓦折合净吨位 0.67 吨
超过 2000 净吨，但不超过 10 000 净吨	24.0	8.0	4.0	17.4	5.8	2.9	②无法提供净吨位证明文件的游艇，按照发动机功率每千瓦折合净吨位 0.05 吨
超过 10 000 净吨，但不超过 50 000 净吨	27.6	9.2	4.6	19.8	6.6	3.3	③拖船和非机动驳船分别按相同净吨位船舶税率的50%计征税款
超过 50 000 净吨	31.8	10.6	5.3	22.8	7.6	3.8	

注释：拖船是指专门用于拖（推）动运输船舶的专业作业船舶。

10.4.4　税收优惠政策

10.4.4.1　船舶免征吨税

下列船舶免征吨税：

①应纳税额在人民币 50 元以下的船舶。

②自境外以购买、受赠、继承等方式取得船舶所有权的初次进口到港的空载船舶。

③吨税执照期满后 24 小时内不上下客货的船舶。

④非机动船舶（不包括非机动驳船）。非机动船舶是指自身没有动力装置，依靠外力驱动的船舶。非机动驳船，是指在船舶登记机关登记为驳船的非机动船舶。

⑤捕捞、养殖渔船。捕捞、养殖渔船是指在中华人民共和国渔业船舶管理部门登记为捕捞船或者养殖船的船舶。

⑥避难、防疫隔离、修理、改造、终止运营或者拆解，并不上下客货的船舶。

⑦军队、武装警察部队专用或者征用的船舶。

⑧警用船舶。

⑨依照法律规定应当予以免税的外国驻华使领馆、国际组织驻华代表机构及其有关人员的船舶。

⑩国务院规定的其他船舶。此免税规定，由国务院报全国人民代表大会常务委员会备案。

10.4.4.2　延期优惠

在吨税执照期限内，应税船舶发生下列情形之一的，按照实际发生的天数批注延长吨税执照期限：

①避难、防疫隔离、修理、改造，并不上下客货。

②军队、武装警察部队征用。

10.4.5　应纳税额的计算

吨税按照船舶净吨位和吨税执照期限征收。计算公式为：
$$应纳税额 = 船舶净吨位 \times 定额税率$$

10.4.6 纳税申报

10.4.6.1 纳税义务的发生时间

吨税纳税义务发生时间应税船舶进入港口的当日。

【重点提示】应税船舶在吨税执照期满后尚未离开港口的，应当申领新的吨税执照，自上一次执照期满的次日起续缴吨税。

10.4.6.2 船舶吨税的纳税期限

船舶吨税分1年期缴纳、90天期缴纳与30天期缴纳3种。缴纳期限由应税船舶负责人自行选择。应税船舶负责人应当自海关填发船舶吨税缴款凭证之日起15日内缴清税款。未按期缴清税款的，自滞纳税款之日起至缴清税款之日止，按日加收滞纳税款万分之五的税款滞纳金。

【重点提示】应税船舶到达港口前，经海关核准先行申报并办结出入境手续的，应税船舶负责人应当向海关提供与其依法履行船舶吨税缴纳义务相适应的担保；应税船舶到达港口后，按规定向海关申报纳税。

10.4.6.3 船舶吨税的纳税申报填列

应税船舶负责人应在应税船舶抵港申报纳税时，如实填写《船舶吨税执照申请书》(表10-4)。

表10-4　船舶吨税执照申请书

Application for Tonnage Dues Certificate
按照《中华人民共和国船舶吨税法》的规定，检同有关证件(包括国籍证书、吨位证书或相关部门证明文件)，开具下列事项，请予完纳船舶吨税，并发给船舶吨税执照。 　　In compliance with the provisions of the Vessel Tonnage Dues Law of the People's Republic of China, I hereby submit the following particulars together with the relevant documents (including the Certificate of Nationality, the Tonnage Certificate or supporting documents issued by the relevant departments) with the request for the issue of a Tonnage Dues Certificate upon payment of tonnage Dues.

1. 船名 Ship's Name	2. 船舶编号 Ship's Number
3. 船舶类型 Ship's Description	4. 国籍 Nationality
5. 净吨位 Net Tonnage	6. 进港时间 Arrival Time

7. 按一年期、九十日期或三十日期(由申请人选定一种)
Tonnage Dues Certificate valid for one year/90 days/30 days(Applicant required the words)
兹声明上列各项申报正确无讹承担法律责任　此致
中华人民共和国海关
I hereby declare that all the particulars given in this Application are true and correct. I will take the relevant responsibility.
To　　　　　　　　　　　　　　　　　　　　Customs of the People's Republic of China
船长(签名盖章)　　　　　　　　　　　　　　　　　　船舶代理(签名盖章)
Ship's Captain(signature and stamp)　　　　　　　Ship's Agent(signature and stamp)
日期　年　月　日　　　　　　　　　　　　　　日期　年　月　日
Date　　　　　　　　　　　　　　　　　　　　　　　Date

参考文献

白彦锋，张丹昱，2023. 高频量化交易印花税改革研究[J]. 税务研究，（1）：92-99.

陈旭东，鹿洪源，王培浩，2023. "双碳"目标下我国车辆购置税和车船税的改革建议：国际经验与借鉴[J]. 税务研究，（5）：99-105.

盖地，2013. 税务筹划理论研究——多角度透视[M]. 北京：中国人民大学出版社.

盖地，2021. 税务会计与纳税筹划（第13版. 数字教材版）[M]. 北京：中国人民大学出版社.

胡天龙，2021. 增值税历史沿革与改革动向——基于国际实践和国内发展的研究[J]. 国际税收，（3）：3-10.

李嘉明，李毅博，刘渝琳，2024. 增值税进项留抵下的增值税税率与企业资产配置优化[J]. 系统工程理论与实践，44（3）：1034-1063.

梁文涛，2022. 税法[M]. 6版. 北京：中国人民大学出版社.

刘行，赵弈超，2023. 间接税与企业的现金股利支付——基于增值税税率改革的研究[J]. 财贸经济，44（8）：38-55.

彭进清，肖银飞，2019. 个税专项扣除改革对居民家庭消费意愿的影响研究——基于税改落地前的调查数据分析[J]. 消费经济，35（3）：62-68.

宋泽，邹红，何阳，2023. 个税免征额调整对家庭收支行为的影响——来自2011年个人所得税改革的证据[J]. 经济科学，（6）：183-200.

孙璐伟，2023. 论土地增值税改进：定性、定位、定向与定则[J]. 中国土地科学，37（11）：19-30.

孙浦阳，杨易擎，2023. 个税改革对消费品市场的影响研究——来自2018年个税改革的证据[J]. 经济研究，58（10）：152-169.

孙晓华，任俊林，2023. 资源税改革推动了城市经济增长与产业结构转型吗[J]. 南开经济研究，（1）：82-100.

王博娟，黄志国，陈孝伟，等，2022. 人口结构变化、税费改革与遗产税[J]. 南开经济研究，（1）：109-127.

王红，2022. 纳税申报实训[M]. 4版. 北京：中国人民大学出版社.

王建平，2024. 相对中性理念：破解增值税改革难题的钥匙[J]. 税务研究，（2）：45-51.

王晓佳，吴旭东，2019. 个人所得税专项附加扣除的收入再分配效应——基于微观数据的分析[J]. 当代经济管理，41（9）：83-86. 熊睛海，2012. 税务筹划学[M]. 上海：上海财经大学出版社.

杨沫，2019. 新一轮个税改革的减税与收入再分配效应[J]. 经济学动态，（7）：

37-49.

张行，张学升，2024. 税收信息化建设与企业税收负担：基于金税三期的准自然实验[J]. 云南社会科学，（1）：103-111.

赵迎春，王钰，2020. 增值税制度设计几个问题的探讨[J]. 税务研究，（8）：49-53.

中国税务师职业资格考试教材编写组，2024. 涉税服务相关法律[M]. 北京：中国税务出版社.

中国税务师职业资格考试教材编写组，2024. 税法（I）[M]. 北京：中国税务出版社.

中国税务师职业资格考试教材编写组，2024. 税法（Ⅱ）[M]. 北京：中国税务出版社.

中国注册会计师协会，2024. 会计[M]. 北京：中国财政经济出版社.

中国注册会计师协会，2024. 税法[M]. 北京：中国财政经济出版社.

朱为群，曾淇，2024. 税收优惠政策规范化建设探讨[J]. 税务研究，（5）：12-17.